U0085515

修訂三

票據法
LAW OF BILLS AND NOTES

潘維大　著

黃心怡　修訂

三民書

修訂三版序

　　我國票據法自民國十八年公布施行、民國七十六年六月第六次修正之後，未曾再有變動。惟本書自民國一百零五年二版修訂以來，讀者之成長背景與閱讀習慣，較之當年已有不同。是以本書第三版將各章之案例重新調整，更新各章節後的練習題目，並刪除案例漫畫。在編排及說明上則延續第一版之風格，力求綱舉目張、提綱挈領，儘可能以口語方式解釋艱澀的法律概念，冀希讀者能在輕鬆愉快的心情下認識法律。

　　此次改版感謝三民書局編輯群之鼎力協助。全書雖已盡心斟酌，仍恐有錯漏之處，敬請見諒與指教。

修訂者謹識

民國一百一十二年七月於東吳大學法學院

修訂二版序

　　我國票據法自民國十八年公布施行、民國七十六年六月第六次修定之後，未曾再有變動。惟相關之金融法規、民事訴訟法及非訟事件法等相關規定於近年來屢有更迭，較重大之變化包括限額支票及限額保證支票使用之廢止及拒絕往來戶之期間一律定為三年等。本書二版針對相關之法規進行修訂，並延續第一版之作風，在編排上務求綱舉目張、提綱挈領，在說明上儘可能以口語方式解釋艱澀的法律概念，冀希讀者能在輕鬆愉快的心情下認識法律。

　　本書之出版承蒙多方助益，此次修正有賴黃心怡博士協助，特此致謝。本書雖已盡心斟酌，仍恐有謬誤之處，尚請見諒與指教。

潘維大　謹識

民國九十五年九月八日

序

　　在一般人的觀念中，法律是生硬、冰冷的同義詞，然而制定法律的目的，不外使各種社會活動有規則可尋，就好比設立交通標誌，使交通順暢而有秩序一般，法律其實是與生活息息相關的、充滿趣味的一門學科。

　　秉持上述生活化與趣味化的理念，本書的寫作，儘量避免艱澀且專門的法律術語，而以口語的方式，說明法律概念，並輔以生動活潑的漫畫，以期讀者們能在輕鬆愉快的心情下了解法律，且希望藉此種方式，開創法律教科書的新途徑。

　　在法律生活化的部分，主要是針對生活實際發生的案例，作解析之素材，避免單純理論的闡述，此一部分由黃心怡學棣協助，在法律趣味化的部分，則由浪族創意坊的薛進坤及蔡佳玲學棣，以幽默的漫畫表現。

　　筆者才疏學淺，難免有遺漏或不足之處，敬祈各位賢達不吝指正。

潘維大　謹識
民國八十九年三月十四日於東吳大學法學院研究室

票據法

目　次

修訂三版序

修訂二版序

序

第一章　票據通則　　　　　　　　　　　　　　　　　1

　第一節　票據的意義、性質與種類　　　　　　　　2

　第二節　票據行為　　　　　　　　　　　　　　　13

　第三節　票據權利　　　　　　　　　　　　　　　38

　第四節　票據抗辯　　　　　　　　　　　　　　　52

　第五節　票據的偽造與變造　　　　　　　　　　　62

　第六節　票據的喪失與塗銷　　　　　　　　　　　71

　第七節　票據的消滅時效與利益償還請求權　　　79

第二章　匯　票　　　　　　　　　　　　　　　　　89

　第一節　匯票的概念及發票　　　　　　　　　　　90

　第二節　背　書　　　　　　　　　　　　　　　104

　第三節　承兌與參加承兌　　　　　　　　　　　128

第四節 保 證 143

第五節 到期日及付款 151

第六節 參加付款 165

第七節 追索權及相關票據文書 173

第三章 本 票 199

第四章 支 票 219

附 錄 習題解答 245

第一章　票據通則

第一節　票據的意義、性質與種類

第二節　票據行為

第三節　票據權利

第四節　票據抗辯

第五節　票據的偽造與變造

第六節　票據的喪失與塗銷

第七節　票據的消滅時效與利益償還請求權

第一節　票據的意義、性質與種類

┌─────────────────────┐
│　　　　本節重點　　　　│
└─────────────────────┘

◎票據的性質

票據→有價證券→債權證券→金錢證券 ── 設權證券 ┐
　　　　　　　　　　　　　　　　　　── 流通證券 │
　　　　　　　　　　　　　　　　　　── 提示證券 │
　　　　　　　　　　　　　　　　　　── 文義證券 ├ 完全有價證券
　　　　　　　　　　　　　　　　　　── 要式證券 │
　　　　　　　　　　　　　　　　　　── 無因證券 │
　　　　　　　　　　　　　　　　　　── 返還證券 ┘

◎票據的功能

	匯　票	本　票	支　票
支付的功能	✓	✓	✓
隔地匯兌的功能	✓	✓	✓
信用的功能	✓	✓	✕

　　1.支付的功能：打破搬運的障礙。

　　由於商業貿易日漸繁複，交易金額也日益提高，為避免隨身攜帶大量現金所產生的各種不便與風險，逐漸發展出以票據作為替代支付的工具。

　　2.隔地匯兌的功能：打破空間的障礙。

　　以匯票、本票、支票代替現金交付，可免除將現金送至遠地所負的風險並減少運費支出。

　　3.信用的功能：打破時間的障礙。

　　匯票或本票的發票人，在簽發票據時，可以在票據上指定一

個非簽發票據當天的未來某日，作為到期日，此時就可以把將來的錢提前至現在使用，解決因時間所造成給付現金的不便。一般而言，由於支票並沒有「到期日」的概念（詳如後述），所以本質上並不具備信用功能。

◎票據的立法目的

　　票據之立法目的：助長票據流通、保障交易安全。

◎票據的種類

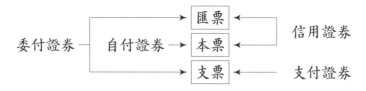

委付證券 ── 自付證券 → 匯票 ← 信用證券
　　　　　　　　　　　 本票 ←
　　　　　　　　　　　 支票 ← 支付證券

本節目標

　　1.使讀者對票據有些初步的認識，了解票據的「定義」、「外觀樣式」及其「功能」，並期待引起讀者對票據的興趣。

　　2.透過對票據性質的說明，使讀者能將票據與民法上其他有價證券作出區別，並對票據的基本使用有些概略性的了解。

　　3.透過對票據功能的說明，使讀者了解票據制度產生的緣由，並掌握票據法的精神。

　　4.透過對票據種類的介紹，使讀者對票據法的規範內容建立一個初步的體系。我國票據法主要可分為通則、匯票、本票、支票等四章。通則是票據的一般規則，為各種票據所適用，而其餘各章，則針對該種票據的特性作具體規範。因此認識票據種類，即可建立票據法的體系。另一方面，不同種類的票據，因其基礎

關係（指發票人、付款人、受款人三者）的不同，而有不同的規範，了解三種票據基本關係的特徵及相互間的差異，有助讀者日後對各種票據規範的學習。

　　一個法律制度的產生，必定是為了規範某種社會現象，以達成特定的目標，而該目標即為法律制度的精神。掌握法律制度的精神，即能正確理解法律規範本身。

　　詳細地說，我國遠在宋朝已有使用票據的紀錄，當時的票據稱為「交子」、「錢引」。「交子」、「錢引」的產生，目地是在解決攜帶大量金錢長途跋涉的不便。換句話說，票據最早的功能在於支付與匯兌。待社會結構從農業轉型至工商社會後，資金的使用模式大幅改變，「信用」（融資）成為票據最主要的功能。為使票據成為人們樂於使用、信賴的交易工具，著重票據的外觀形式，成為必然的結果，而促進票據流通即為現行票據法的重要目標。因此票據法的規範不外朝下列二個方向進行：一是使票據當事人間的法律關係格式化、明確化；二是促進票據的流通性。掌握票據法的精神後，不僅較能理解票據法法條的立法意旨、規範內容，面對法律問題時，也比較容易找出合適的解決方法。

● 案　例

　　誠涼涼開了一間「古飾洋行」古董飾品有限公司，李維斯向誠涼涼購買兩個古董包包與來自法國的藍寶石耳環及項鍊，價值總共新臺幣 70 萬元，但李維斯手頭沒有充足的現金，畢竟沒有人會帶新臺幣 70 萬元的現金逛大街，而這些實體鈔票對一個女子而言確實也太重了。李維斯不想支付白花花的鈔票，而手邊的信用卡也只有新臺幣 50 萬元的額度。正當李維斯

考慮是否之後再來購買時，突然間誠涼涼提醒李維斯，可以使用票據呦！

問 題

一、何謂票據？

二、本例中，李維斯適合簽發哪一種票據？

說 明

一、何謂票據？

㈠票據的意義

　　票據法是民法的特別規定，凡票據法中未規定者，應適用民法。了解票據的性質，有助於正確適用法條。例如李維斯因向誠涼涼購買飾品而欠誠涼涼錢，於是簽發一紙匯票給誠涼涼，以伊森為付款人，然而李維斯對誠涼涼的債務是否於誠涼涼受領匯票時即告消滅？票據法未有規定。按匯票為「有價證券」中的「指示證券」（民法第 710 條第 1 項：「稱指示證券者，謂指示他人將金錢、有價證券或其他代替物給付第三人的證券。」），依民法第 712 條第 1 項的規定：「指示人為清償其對於領取人之債務而交付指示證券者，其債務於被指示人為給付時消滅。」故李維斯對誠涼涼所負的「給付價金」義務，必須在伊森實際支付金錢給誠涼涼時才消滅。如果在該紙匯票到期日屆至時，伊森拒絕支付金錢給誠涼涼，則誠涼涼可以同時對李維斯主張票據法上「執票人對匯票發票人的追索權」（票據法第 85 條，詳見本章第三節）及民法上「出賣人對買受人的價金請求權」（民法第 367 條）。萬一誠涼涼對李維斯的追索權，因超過一年不行使而消滅時（票據法第 22 條第 2 項），誠涼涼在民法所定的消滅時效期間內（十五年，民

法第 125 條），仍可向李維斯行使價金請求權，請求支付買賣價金。

　　票據是簽發票據的人，約定以「第三人」或「自己」為付款人（視匯票、本票、支票而有所不同，詳如下述），在特定的時間，無條件支付一定的金額給票據上記載的受款人或持有票據的人的一種有價證券。詳細地說：

1.票據是有價證券

　　有價證券是一種具有法律上效力的文書，其目的在表現一定的私法上的權利，而這種權利具有財產價值，且此種權利的發生、行使或移轉，必須完全或部分以證券為之。有價證券除票據外，還包括股票、倉單（民法第 615 條：「倉庫營業人，因寄託人之請求，應填發倉單。」）、保單、圖書禮券等。

2.票據是債權證券

　　票據的目的即在表現特定私法上的權利：表明票據受款人或持有票據的人，可持票據向票據債務人請求給付一定金額的權利，因此票據為一種有價證券。但票據與現金不同，持有票據並不表示已經擁有票面上所記載的金額，僅表示持票人享有向票據債務人請求給付票款的權利，所以票據是一種債權證券，而不是物權證券。因此，執票人將票據設定質權給他人時，應適用民法上關於權利質權的規定，而非關於動產質權的規定。

　　至於物權證券，是指占有證券即享有物權，例如倉單，持有倉單即意謂持有倉單上所記載的物品的所有權；移轉倉單，就是移轉倉單上所記載的物品的所有權。

3.票據是金錢證券

　　票據限於以一定的金錢作為支付標的，所以票據是一種金錢證券。至於非金錢證券，係以特定動產作為支付標的，例如倉單。

4.票據是要式證券

　　票據權利的發生及存在都必須符合法定應記載事項，也就是說，簽發、

轉讓票據必須依照票據法所規定的格式。票據法所規定的應記載事項如果有欠缺，除票據法有其他的規定外，該票據無效，因此票據為一種要式證券。

5.票據是設權證券

票據必須依票據法所規定的格式作成後，才發生票據法上的權利。換句話說，票據法上權利義務的發生，其前提條件是必須有票據的存在，所以票據是一種「創設權利」的設權證券，而不是證明權利存在的證權證券。

至於證權證券，指該證券的作用只是在證明權利的存在，例如股票僅為表彰股東權利的證權證券，投資人一旦繳納股款後，即成為公司股東，縱使投資人未取得股票，也不影響其股東資格。

6.票據是提示證券

票據的權利人行使票據上權利時，必須現實地占有票據，並出示票據，所以票據是一種提示證券。

7.票據是返還證券

票據受款人或持有票據的人接受付款時，必須將票據交給付款人，因此票據是一種返還證券，又稱交換證券或繳回證券。

8.票據是完全有價證券

發生票據法上權利，必須依票據法規定的格式作成票據；行使票據上權利，必須提示票據；移轉票據上權利，必須交付票據。即票據權利的發生、行使及移轉，完全與票據相結合，所以學者稱票據為「完全有價證券」。至於「非完全有價證券」，例如股票，雖公司股東移轉股東權利必須移轉股票，行使股東權利須出示股票，但股東權利並非因股票之發行而產生（股票僅是證權證券）。

9.票據是文義證券

票據上的權利，都是以票據上記載的文字為準：凡是在票據上簽名的

人，就必須依照票據上記載的文字意義負責（票據法第 5 條第 1 項），票據債務人僅就票據上記載的文字意義負責，票據權利人不可以請求票據上未記載的權利，因此票據是一種文義證券。

10. 票據是無因證券

凡是持有票據的人，即是票據權利人，可以向票據債務人請求付款，至於票據權利人取得票據的行為是否有效，在所不問，所以票據是一種無因證券。舉凡有價證券，因著重其流通性，故多為「無因證券」，將有價證券上「權利義務」與發行、移轉證券的「原因關係」分隔開來，一方面使收受有價證券者不必費時確定移轉證券者是否合法取得證券，而降低使用證券的意願，另一方面則避免因其中一人非合法取得，致使其後的收受證券者喪失證券上權利，阻礙證券流通性，而有此特徵。

例如郝渜鋅以詐騙手法取得吳鈷所開立的面額新臺幣 70 萬本票一紙，並在本票上簽名後再交給（在票據法上稱為「背書轉讓」）善意不知情的歐布查。歐布查拿著本票請求吳鈷付款時，吳鈷不能以他是被郝渜鋅騙為由，拒絕付款。提醒一下，取得票據的人，必須符合一定的要件，才能成立票據法上的善意取得票據，詳見本章第三節說明。

11. 票據是流通證券

所謂流通證券指證券上所表現的權利，可以透過下列二種方式移轉給他人：(1)直接將證券交付給他人；(2)在證券上簽名後再交給他人（背書轉讓）。而票據依票據法的規定，持有票據之人可以依上述二種方式將票據轉讓給他人，所以票據是一種流通證券。

(二)票據的功能

票據之所以能在今日商業交易中扮演重要角色，是因為票據有下列的功能：

1.支付的功能

以票據代替現金給付時，不須隨身攜帶大量現金，不僅免除被偷、被搶的危險，而且票據上記載著清楚的金額，可以節省數鈔票的時間，以及避免現金計算的錯誤。

2.隔地匯兌的功能

在買賣或其他商業行為中，常須付款給在遠方的受款人，若以票據代替現金，可以避免風險，並解決因空間所造成給付現金的不便。例如臺北的誠涼涼向高雄的「花生好事」商行購買一大批花卉盆栽，誠涼涼可以在中國信託商業銀行中山分行開設一個帳戶，把貨款存進中國信託商業銀行的帳戶中，然後簽發一紙票據（匯票或支票）給花生好事商行的負責人，以中國信託商業銀行作為付款人，此時花生好事商行的負責人就可以持該票據向中國信託商業銀行高雄分行請求給付金額，誠涼涼毋須親自（或託人）將貨款從臺北送到高雄，藉由簽發票據來解決隔地付款的不便。此例中，誠涼涼簽發的票據種類限於匯票或支票，主要是因為匯票及支票均有付款人，而實務交易上匯票亦多以金融業者作為付款人。

至於本票，依票據法第 3 條規定，本票是自付證券，發票人自己就是付款人。雖然本票發票人也可指定金融業者作為「擔當付款人」（也就是一般俗稱的「甲存本票」），而具備隔地匯兌的功能。但為避免混淆各種票據的基本關係，故仍以匯票及支票為例。

3.信用的功能

在現今工商社會中，很少人會把大筆資金放在身邊，可能要若干時日後才有現金進帳，而透過票據可以把將來的錢提前至現在使用，解決因時間所造成給付現金的不便。例如：李維斯向誠涼涼購買新臺幣 20 萬元的珍珠項鍊，但須二個月後才有現金入帳。如果誠涼涼相信二個月後李維斯確實有能力支付現金，可以同意李維斯簽發到期日在二個月後的票據（匯票

或本票），誠涼涼收到票據後，可以擺著等到二個月後再請求票據上的金額，也可以將該張票據背書後當作現金支付給其他願意接受票據的人，或者將該票據拿到銀行「貼現」（也就是把票據交給金融業者，換取現金，但通常會損失一些利息）立即取得現金。

其他人（包括銀行）會願意從誠涼涼手上接受李維斯所開的票據，除了相信李維斯的支付能力，也是相信當李維斯無力支付時，誠涼涼會有能力支付。此外，於本例中，李維斯所簽發的票據種類以匯票及本票較妥當，主要是因為匯票及本票是信用證券，有到期日的設計，並設有保證制度（本票甚至有聲請法院裁定強制執行的制度）來強化其信用功能。

至於支票，從票據法第 128 條第 2 項規定：「支票在票載發票日前，執票人不得為付款之提示。」可以推知，支票簽發日就是付款日，所以不具備信用功能。但我國實務上還是有遠期支票的存在（也就是簽發支票時，以未來的某一天當作「發票日」，而非以實際填寫簽發支票的當天作為發票日）。雖然遠期支票的簽發與付款之間，仍存有一定的時間差，似乎具備信用的功能。不過遠期支票是支票的特殊使用方式，為避免對各種票據的基本性質產生混淆，影響其對各種票據規範之理解，故仍強調僅匯票、本票具信用功能。

二、本例中，李維斯適合簽發哪一種票據？

依票據法的規定，票據可分為下列三種（票據法第 1 條）：

1. 匯票

匯票指發票人簽發一定的金額，委託付款人在指定的到期日，無條件支付給受款人或執票人的票據（票據法第 2 條）。因匯票有到期日的設計（也就是票據債務人不必馬上付款，等到期日時再付款），所以匯票是一種信用證券。而匯票是委託第三人給付票款，所以也是委付證券的一種。

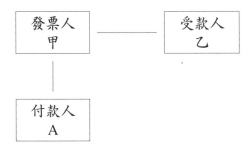

2.本票

本票指發票人簽發一定的金額，在指定的到期日，由自己無條件支付給受款人或執票人的票據（票據法第 3 條）。因為本票有到期日的設計，所以本票也是信用證券的一種。而本票是由發票人自己給付票款，所以屬於自付證券。

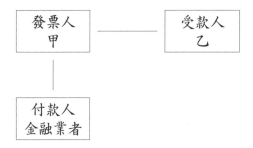

3.支票

支票指發票人簽發一定金額，委託金融業者於見票時，無條件支付給受款人或執票人的票據。所謂金融業者，是指經財政部核准辦理支票存款業務的銀行、信用合作社、農會及漁會（票據法第 4 條）。支票是委託金融業者付款的票據，因此屬於委付證券的一種。支票只有發票日沒有到期日，因此發票人簽發支票後，受款人或執票人可以隨時請求受委託的金融業者付款，這就是一般所稱的「見票即付」，所以支票僅具有支付功能，而無信用功能，屬於支付證券的一種。

4.信用證券、支付證券、委付證券與自付證券

(1)本節重點關於票據種類的表格，旨在表達匯票、本票為信用證券、支票為支付證券；匯票、支票為委付證券、本票為自付證券。

	匯 票	本 票	支 票
信用／支付證券	信用證券	信用證券	支付證券
委付／自付證券	委付證券	自付證券	委付證券

(2)區別信用證券與支付證券的實益有二：

①僅信用證券有保證制度，支付證券沒有保證制度。所以只有匯票、本票有保證行為，支票則無。

②信用證券才有記載「到期日」的必要，支付證券一律見票即付，沒有到期日只有發票日。

(3)區別委付證券與自付證券的目的，是在建立各種票據的基礎關係。委付證券的基礎關係圖如下：

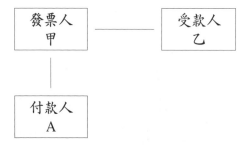

（匯票與支票基礎關係的差別，在於支票的付款人有資格上的限制，而匯票的付款人沒有資格上的限制。）

自付證券的基礎關係圖如下：

本案中，李維斯沒有與金融業者簽訂支票存款往來契約（詳見第四章），所以比較適合簽發以自己為付款人的本票，或是委託他人付款的匯票。

第二節　票據行為

◎票據行為

　　狹義票據行為：發票（各種票據皆有）、背書（各種票據皆有）、承兌（匯票所獨有）、參加承兌（匯票所獨有）、保證（支票無）

　　廣義票據行為：狹義＋付款、參加付款、追索權、見票、保付……

◎票據黏單

原　　　票　　　據
（接縫處，由黏單上的第一記載人簽章）
空白紙片（黏單） 限為背書或保證行為

◎票據行為的效力

- 票據行為必須依照法律規定的方式作成
- 票據行為的原因關係有效與否，不影響票據行為的效力
- 票據行為的效力各自獨立
- 票據行為人依票據上記載的文義負責

◎票據行為的代理

票據行為代理要件的欠缺				效　果
有無代理權	有無記載本人姓名	有無記載代理之旨	有無代理人簽名	代理行為有效與否
✓	✓	✓	✓	✓
✓	✕	✕	✓	✕，代理人自負其責（票據法第 9 條）
✓	✓	✕	✕	本人 ┬ 法人 ┬ 發票行為✕ └ 其他行為✓ └ 自然人✓
✓	✓	✕	✓	本人 ┬ 自然人：視社會觀念，是否有代理關係存在 └ 法人✓
✕	✓	✓	✓	✕，代理人自負其責（票據法第 10 條第 1 項）
✕	✓	✕	✕	構成票據的偽造
越權代理	✓	✓	✓	┬本人：就授權範圍內的部分負責 └代理人：超出授權範圍的部分自負其責（票據法第 10 條第 2 項）

◎非票據關係

- 票據法上的非票據關係
  - 利益償還請求權
  - 匯票執票人發行複本請求權
  - 交還複本請求權
  - 付款後的票據交出請求權
- 非票據法上的非票據關係
  - 原因關係
  - 資金關係
  - 預約關係

本節目標

　　1.使讀者對常見的五種票據行為（發票、背書、承兌、參加承兌、保證）有所認識並能區別各種票據的票據行為。重點置於票據行為的四大特性：要式性、無因性、文義性及獨立性。

　　2.使讀者了解如何有效代理票據行為，特別是票據代理行為要件有所欠缺時，其效力如何。

　　3.使讀者清楚了解票據關係、票據法上的非票據關係及非票據法上的非票據關係。

　　4.簡單介紹票據黏單（因實務上非常少使用）。

案　例

　　誠涼涼向好童年玩具有限公司購買 GK 模型跟公仔，價金總共新臺幣 50 萬元，約定以開立票據的方式給付貨款。三日後，誠涼涼在便利貼上按照匯票的格式，以男友伊森為付款人，並經好友曉紅莓同意，以曉紅莓為保證人，簽發一張面額新臺幣 30 萬元整的票據給好童年玩具有限公司的董事長童禮心。童禮心沒發現票面金額與貨款價額不符，直接在票據背面簽章，代表公司將票據轉讓給金小咪。但因為便利貼太小，童禮心便拿了另一張便利貼，黏在原本的便利貼上，同時在黏貼處加蓋公司章。而童禮心在蓋章時，只蓋了「好童年玩具有限公司」的公司章，忘記蓋上董事長「童禮心」的章。金小咪取得票據後又在票據上簽名，將票據轉讓給喬安娜，並在名字旁邊畫了一隻小貓咪以示負責。但外表看起來精明幹練像是 25 歲的金小咪，實際上只有 17 歲。

◀ 問　題 ）

一、本案例中包含哪些票據行為？

二、童禮心自行拿另一張便利貼，黏接在原本的便利貼上，並在兩張便利
　　貼的黏接處上簽章的行為，是否發生票據法上的效力？

三、金小咪是未成年人，她在票據上簽名，是否會使該票據變成無效？又
　　金小咪在票據上畫一隻小貓咪，在法律上會產生何種效果？

四、童禮心代表公司轉讓票據時，只蓋公司章，而沒有蓋上自己的董事長
　　章，其轉讓票據的行為是否有效？

五、誠涼涼所簽發票據的票面金額為新臺幣 30 萬元，而應交給好童年玩具
　　有限公司的貨款為新臺幣 50 萬元，童禮心可否直接依票據法向誠涼涼
　　請求短少的新臺幣 20 萬元？

■ 說　明 ）

一、本案例中包含那些票據行為？

　　所謂票據行為是指行為人為發生票據上權利義務關係，依票據法規定
的格式，所為的行為。票據行為係法律行為的一種，所以票據行為人原則
上也須具備行為能力。依民法規定，所謂具有行為能力指下列三種情形：

　　⑴年滿 18 歲的自然人（民法第 12 條）；

　　⑵限制行為能力人經法定代理人允許者（民法第 79 條、第 85 條）；

　　⑶法人（民法第 26 條）。至於設有代表人或管理人的非法人團體，例
如合夥，解釋上是由代表人或管理人「代理」全部團體成員為票據行為，
因此由全部成員共負連帶責任。而獨資商號，仍以商號的負責人為票據行

為的行為人。

票據行為主要有五種：發票、背書、承兌、參加承兌及保證，簡單說明如下：

1. 發　票

發票是創設所有票據上權利義務關係的行為，不論匯票、本票或支票，都有發票行為，且必須先有發票行為，才可能有其他四種票據行為，所以稱發票為「基本票據行為」，稱其他票據行為為「附屬票據行為」。區別「基本票據行為」與「附屬票據行為」的實益在於：基本票據行為因形式要件的欠缺而無效時，其後的附屬票據行為都歸於無效。換句話說，整張票據無效。但附屬票據行為的無效，不會影響其他票據行為的效力。

發票行為包含二道手續，一是將票據法規定的事項記載在票據上，二是將票據「交付」給受款人，完成此二程序就是一個有效的發票行為。在本案例中，誠涼涼雖以便利貼簽發匯票，但只要誠涼涼在便利貼上依票據法的規定為記載，並交付給童禮心，就是一個有效的發票行為。

如果欠缺交付要件，票據行為的法律效果為何？例如：案例中的誠涼涼簽發好一張新臺幣 30 萬元的匯票，且符合票據法所要求的格式，但卻不小心將匯票弄丟，而被李維斯撿走，李維斯後來交付給藍莓，拿到匯票的藍莓可不可以跟誠涼涼請求新臺幣 30 萬元？

答案是：原則上因為欠缺「交付」要件，因此票據行為無效。但因欠缺「交付」要件，善意第三人無從由票據外觀發現這個瑕疵，為了保障交易安全、助長票據流通，所以例外地認為，發票人對善意執票人仍負票據責任（票據法第 14 條第 1 項的反面解釋，第 14 條第 1 項要件詳於後述）。因此，如果藍莓是善意、不知道這張匯票欠缺交付要件，那麼為了要保護交易安全以及促進票據流通，此時藍莓就可以向誠涼涼請求給付新臺幣 30 萬元。

2. 背　書

背書指的是持有票據的人，為了**轉讓票據上權利**，在票據背面簽名的行為。除了未記載受款人的票據，可以直接以交付的方式移轉票據權利外，其他票據權利的移轉，都必須以背書的方式為之。

3. 承　兌

承兌是匯票付款人允諾支付票據金額，並將此種意思記載在票據正面的行為。承兌是匯票所獨有的票據行為。匯票的發票人在簽發票據時，多半會指定某人或某金融業者作為付款人，但被指定的人並不因此而當然必須支付票據金額，僅在其為承兌行為後，才成為票據債務人，而負有支付匯票金額的義務。

4. 參加承兌

參加承兌是票據債務人以外的第三人，在匯票付款人拒絕承兌時，允諾負起承兌的責任，並將此種意思記載在票據正面的行為，這也是匯票所獨有的票據行為。匯票付款人在到期日前拒絕承兌時，持有票據的人可以立刻請求背書人或發票人支付票面上所載的金額。為了避免這種在到期日前就必須支付票款的情況發生，票據法設計出參加承兌的制度（詳見第二章）。

5. 保　證

保證是票據債務人以外的第三人，允諾在被保證人不履行其票據上債務時，代為負起履行票據上債務的責任，並將這種意思記載在票據上的行為。只有匯票及本票有保證行為。

各種票據的票據行為

	基礎票據行為	附屬票據行為			
	發票	背書	保證	承兌	參加承兌
匯　票	✓	✓	✓	✓	✓
本　票	✓	✓	✓	✕	✕
支　票	✓	✓	✕	✕	✕

　　匯票、本票及支票的票據行為，如上所述，略有不同。以圖解說明如下：

1.匯票的票據行為圖

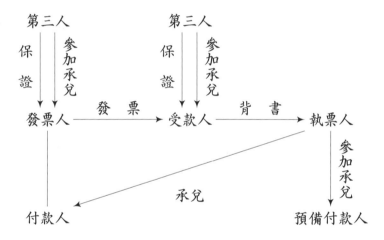

2.本票的票據行為圖

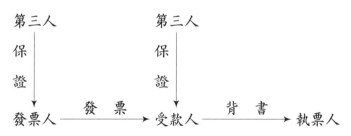

3.支票的票據行為圖

發票人 ——發票→ 受款人 ——背書→ 執票人

付款人

本案例中出現的票據行為共計有：發票、背書及保證等三種。

二、童禮心自行拿另一張便利貼，黏接在原本的便利貼上，並在兩張便利貼的黏接處上蓋章的行為，是否發生票據法上的效力？

自發票人簽發票據到實際支付票款，往往經過數次乃至數十次的背書轉讓。而票據的空間有限，所以票據法規定，當票據空白處不夠記載時，可以用空白紙片貼在票據上，以方便行為人為票據行為（票據法第 23 條第 1 項），以促進票據的流通，此稱為票據的黏貼。票據的黏貼必須以空白紙片（票據法上稱為「票據黏單」）直接貼在票據上，最先在空白紙片上為票據行為的人，必須在黏單與票據的接縫處簽章（票據法第 23 條第 2 項）。應注意的是，只有「背書」與「保證」此二種票據行為可以記載在票據黏單上，至於發票、承兌、參加承兌，則必須在原票據上為之。

本案中由於原票據不夠記載，童禮心拿新的便利貼黏貼於後，並在原本的便利貼與新的便利貼之接縫處簽章，若蓋上公司名稱的印章（俗稱大章）及公司負責人印章（俗稱小章），形式上即符合票據法的規定，具有票據法上的效力。本案中童禮心雖只蓋大章未蓋小章的行為，仍不影響效力，詳如後述。

三、金小咪是未成年人，她在票據上簽名，是否會使該票據變成無效？又金小咪在票據上畫一隻小貓咪，在法律上會產生何種效果？

為了使票據能迅速有效的流通，票據行為發展出下列的特性：

1.票據行為須依法定的方式作成

票據行為須作成書面，且其記載事項有一定的格式，以便當事人對票據所表現的權利義務關係能一目了然，使票據迅速流通。

⑴格式化的文件，能使當事人對文件內容及當事人間的法律關係一目了然，使文件迅速流通，因此票據發展出「要式性」此一特點。

⑵「要式性」著重在欠缺必要記載事項或記載非必要記載事項時之效果。絕對必要記載事項是表明票據權利義務關係不可欠缺的事項，而且這種事項必須由當事人決定，不宜由立法者以立法的方式推定當事人的真意，例如票面金額。至於相對必要記載事項，也是確定票據權利義務關係所必需的事項，只不過如果欠缺記載，對當事人的權利義務影響較小，所以立法者以法律推定的方式，作為當事人漏未記載的補救方式。至於票據法上未規定的事項，不生票據法上效力的用意，是在避免因當事人記載票據法上未規定事項，而使當事人間的票據上權義關係複雜、不明確、影響票據的流通。

票據上記載的事項可分為四種：

⑴絕對必要記載事項

指發票人簽發票據時一定要載明的事項，若有欠缺，則該票據無效（票據法第 11 條第 1 項）。各種票據的絕對必要記載事項不盡相同，其共通的絕對必要記載事項有：票面金額、發票人的簽名、無條件支付、發票年月日、表明票據種類的文字等。然而，相較於匯票及本票，支票的絕對必要

記載事項，多了付款人商號與付款地。

　　惟在實際交易中，發票人簽發票據時，經常將部分必要記載事項，交由他人填寫，例如將票面金額、發票年月日交由受款人填寫，此種票據稱為「空白授權票據」。為使票據能順利流通，避免取得票據的人再花時間追查發票人有無漏填絕對必要記載事項，故若執票人行使票據權利時，該欠缺記載的事項，已被補充記載完畢，且執票人取得票據非出於惡意或重大過失（關於善意取得票據，請見本章第三節），依票據法規定該票據仍為有效（票據法第 11 條第 2 項）。

　　關於「空白授權票據」是否為有效票據此一問題，學者間有相當紛歧的看法：

　1.肯定說

　①承認空白授權票據具有促進票據流通，與強化交易安全保護之機能。

　②依舉重明輕之法理與票據外觀解釋原則，票據行為的代理既然已被允許，則空白授權票據之發票人於票據上已親自簽名，實無否定之理。

　③法律應配合社會現象而調整，應肯定空白授權票據的合法性。

　2.否定說

　　否定說則是認為，法律既然無明文規定發票人得授權執票人補充記載，故不能允許承認空白授權票據，而破壞票據法第 11 條要式性的基本原則。

　　實務上對於空白授權票據也沒有統一的見解。有採否定說者，例如最高法院 80 年台上字第 355 號民事判決，該判決涉及未填寫金額的本票；臺北地方法院 97 年度北簡字第 36723 號民事判決，該判決涉及未填寫金額、發票日及部分到期日的本票；士林地方法院 110 年度士簡字第 539 號民事簡易判決，該判決涉及本票未填寫發票日。

　　至於採肯定說的早期實務見解（例如高等法院 97 年度上字第 1058 號民事判決，該判決涉及未填寫金額、發票日、到期日的本票），並非直接承

認空白授權票據的效力，而是間接的認為，如果補充權人（指在空白欄位填入文字或數字的人）是空白票據發票人所授權的「使者或機關」，而依照填發票人的意思填寫絕對必要記載事項（例如發票日），這個遵照發票人囑付的填寫行為，和授權人自己填寫完成簽發票據的行為沒有不同，所以當補充權人是授權人的「使者或機關」時，授權人仍須對執票人負票據責任。近期的判決（例如最高法院 109 年度台簡上字第 61 號民事判決，該判決涉及未填寫金額的支票）則進一步認為，發票人簽發票據交付執票人，故意將票據上其他應記載事項的一部或全部，授權執票人補充記載，以完成發票行為。在補充填寫完成後，不問填寫人是否無權（未獲得授權）或越權（有經過授權但行為超過授權的範圍），均有使票據完成發票的效力，發票人應按填寫後的文義負責。執票人若善意取得已具備法定應記載事項的票據，可以依票據文義行使權利，發票人不得以票據原係欠缺應記載事項為理由，對於執票人主張票據無效。

　　綜合採取肯定說的學者與實務見解，「空白授權票據」 的成立要件如下：

　　①票據上須有空白授權票據行為人的簽名。

　　②票據上的絕對必要記載事項全部或一部有欠缺。

　　③須對相對人或第三人授與補充權。

　　④須交付空白授權票據。

　　空白授權票據，若補充權人逾越授權範圍（濫用補充權）而為填載時，授權人可以拿這個當作理由，直接對補充權人提出抗辯。但授權人不能對抗善意執票人，也就是說，善意執票人仍然可以對票據行為人主張票據上的權利。例如 A 授權 B 在新臺幣 10 萬元的範圍內，補充記載本票金額，但 B 竟填寫為新臺幣 50 萬元。B 執票向 A 行使權利時，A 可以主張 B 填寫的金額超過先前的授權，而拒絕支付新臺幣 50 萬元給 B。但如果 B 將

票據轉讓給善意的 C，C 持票向 A 請求付款時，依票據法第 11 條第 2 項的規定，A 不可以對 C 主張該票據無效，A 仍應支付 C 新臺幣 50 萬元。

至於與「空白授權票據」相近似的概念有：

①「空白票據」→指印妥票據格式的用紙。這種票據沒有發票人簽章，也未記載法定必要記載事項，所以還不是票據法所稱的票據。

②「不完全票據」→指票據發票人在發票時，漏載部分絕對必要記載事項，也未授權他人補充記載，這種票據是無效票據。

⑵相對必要記載事項

指發票人簽發票據時，原則上應記載的事項，但若有欠缺，票據法另外設有規定以為補充，該票據並不因此而無效（票據法第 11 條第 1 項但書），例如未載受款人時，以執票人為受款人。

⑶任意記載事項

此種事項是否記載，由當事人自行決定，若未記載，票據仍為有效，一旦記載，即生票據法上的效力。例如：利息、禁止背書轉讓（詳見第二章第二節）、支票劃平行線（詳見第四章）等。

⑷票據法上未規定事項

如果將票據法上未規定的事項，記載在票據上，其效果可分為二種：

①法定記載無效事項：又稱為「無效事項」，凡是票據法條文中有「其記載無效」或「視為無記載」的規定時，即屬於這類事項。這類事項記載後，不影響票據既存效力，僅「該記載」無效。例如票據法第 36 條後段規定：「背書附記條件者，其條件視為無記載。」（背書附條件）、票據法第 29 條第 3 項規定：「匯票上有免除擔保付款之記載者，其記載無效。」（免除擔保付款）

②記載不生票據法上效力：依照票據法第 12 條規定，票據上記載票據法所未規定的事項時，不生票據法上的效力。例如支票並無保證的規定，

若在支票上為保證行為，不生票據法上保證的效果，但應注意，此時仍將依民法相關規定發生民法上保證的效果。

⑸**有害記載事項**

此種事項一旦記載，則整張票據無效。例如票據法第 24 條第 1 項第⑸款、票據法第 120 條第 1 項第⑷款、票據法第 125 條第 1 項第⑸款，分別規定匯票、本票及支票應為無條件支付。如果發票人在發票時另外記載付款條件，則該張票據無效。

2. 票據行為的原因關係有效與否，不影響票據行為的效力

票據行為人所以簽發或移轉票據，多半是因為當事人間有某種關係，如買賣、贈與等，這種關係稱為原因關係（也稱為基礎法律關係）。票據行為一旦成立後，原因關係的無效或不存在，不影響票據行為的效力。例如本案中誠涼涼因為向童禮心的公司購買貨物，而簽發票據給童禮心，該票據經過多次背書後，由喬安娜取得。如果誠涼涼與童禮心的買賣契約因故無效（例如買賣的物品是法律禁止交易的毒品），誠涼涼所簽發的票據仍然是一紙有效的票據，不得以誠涼涼與童禮心間的買賣契約無效作為理由，拒絕支付票面金額給喬安娜。

3. 票據行為的效力各自獨立

倘若一個票據行為的無效會導致整個票據無效，則受讓票據的人勢必要花時間追查該票據的各票據行為是否都有效，如此一來將降低社會大眾使用票據的意願。所以票據法規定一紙票據上有數個票據行為時，其中一個票據行為無效，不影響其他票據行為的效力。須注意的是，這裡所稱的無效，是指實質上的無效，例如票據行為人欠缺行為能力。如果該票據行為是因為不符合票據法所要求的形式而無效，則以該票據行為有效為前提的其他行為，仍然無效。例如發票人簽發票據時漏未簽名，則之後的背書、承兌等行為，皆無效。票據法中關於票據行為效力獨立的規定，主要有三個：

⑴無行為能力人或限制行為能力人的簽名不影響其他簽名的效力（票據法第 8 條）

票據行為是法律行為的一種，依民法的規定，無行為能力人所為的票據行為無效（民法第 75 條），而限制行為能力人未得法定代理人事前允許或事後承認的票據行為也無效（民法第 79 條）。雖然票據上有無行為能力人或限制行為能力人的簽名，但不影響其他票據行為的效力。例如郭小魚是 16 歲的高中生，在未經父母同意的情況下，為了玩電競遊戲，向宅宅商場購買一臺筆電。為了支付價值新臺幣 5 萬元的筆電，郭小魚簽發一張面額新臺幣 5 萬元的本票給宅宅商場的老闆。宅宅商場的老闆再將本票背書轉讓給沙老蟹。就算郭小魚的父母不同意郭小魚的發票行為，使得郭小魚的發票行為無效，但宅宅商場老闆的背書行為仍然有效，宅宅商場的老闆仍然須對沙老蟹負起背書責任。

⑵票據的偽造或票據上簽名的偽造，不影響其他真正簽名的效力（票據法第 15 條）

例如張三在路上撿到一張由李四簽發給王五的新臺幣 5 萬元支票，張三在假冒王五的背書簽名後，再將該支票自行背書轉讓給善意無過失的林老師，以清償張三積欠林老師的部分債務。此時，因為票據法第 15 條的規定，縱使張三偽造王五的簽名後背書轉讓給林老師，林老師再背書轉讓給趙六書店，也不會因為王五的簽名是偽造的，而影響林老師背書行為的效力，林老師仍要負擔背書責任。

⑶票據的保證獨立有效（票據法第 61 條）

票據的保證人與被保證人負同一責任。除了被保證人的債務因方式的欠缺而無效外，不因被保證人的債務無效而免除其責任。也就是說，僅有在形式要件欠缺時，票據的保證人始不用負票據上保證人責任。例如本案中曉紅莓是誠涼涼的保證人，如果誠涼涼因欠缺行為能力而致其發票行為

無效，這是實質要件的欠缺，曉紅莓的保證並不因此無效，當誠涼涼不履行其發票人的責任時，曉紅莓仍須代為履行。

4.票據行為人依票據上記載的文義負責（票據法第 5 條第 1 項）

凡是在票據上簽名的人，均依票據上記載的文義負票據法上的責任，縱使票據上的記載與當事人的真意不符，當事人也不可以用其他的證明方式予以變更或補充。例如路瑟向伊森借款新臺幣 50 萬元，為清償借款而簽發匯票一張給伊森。路瑟不小心將票面金額寫成新臺幣 60 萬元，此時依照票據行為文義性，路瑟仍須依照票據上記載的票面金額（新臺幣 60 萬）支付給伊森以外的善意執票人，不可以提出其他證據（例如路瑟與伊森間的書面借貸契約及匯款紀錄等）作為抗辯，以減少其支付金額。又例如路瑟向伊森購買一臺頂級電競電腦及全套週邊配備，簽發面額新臺幣 20 萬元的有效本票一張，指定伊森為受款人並交付予伊森，只是伊森不慎遺失該本票後被歐文拾得，歐文偽造伊森的簽名，並再自己另為背書將該本票交付給佛斯特小姐，此時因為伊森的背書簽名係被歐文所偽造，非自己真正簽名，依照票據法第 5 條第 1 項的反面解釋，由於伊森沒有真正在票據上簽名過，所以伊森不負票據上背書責任。所謂票據行為人依票據上記載的文義負責，僅就票據上所載的絕對必要記載事項、相對必要記載事項及任意記載事項負責，至於票據法上未規定的事項，既不生票據法上的效力，自不適用票據法第 5 條。

但須注意票據行為無因性仍有例外：

⑴授受票據的直接當事人間，仍得以原因關係作抗辯（票據法第 13 條本文的反面解釋）。

⑵執票人取得票據是出於惡意（票據法第 13 條但書），指執票人明知該等原因事由。

⑶執票人無對價或以不相當的對價取得票據（票據法第 14 條第 2 項），

例如唐三因向戴惟仕購買鑽戒一只，而簽發一張面額新臺幣 200 萬元的本票給戴惟仕，戴惟仕將本票當作生日禮物背書轉讓給戴沐白，後唐三發現該鑽戒所鑲的是玻璃而非鑽石，於是向戴惟仕解除買賣契約，倘戴沐白持票據向唐三請求付款，因戴沐白未給付對價取得票據，故唐三可以其與戴惟仕的原因關係對抗戴沐白。

金小咪是 17 歲的未成年人，依民法規定屬於限制行為能力人，其所為的背書行為要得到法定代理人的事前允許或事後承認，才生效力。倘若金小咪的背書行為未得法定代理人的事前允許，背書後法定代理人也拒絕承認，則該背書行為無效。不過，票據行為具有各自獨立的特性，所以金小咪無效的背書簽名，不影響其他票據行為的效力，該票據仍是一張有效的票據。至於金小咪在票據上畫一隻貓咪，屬於票據法第 12 條「票據上記載票據法所未規定的事項」，該票據仍為一有效的票據，僅該記載不生票據法上效力（本例中也不會發生其他法律上效力）。

四、童禮心代表公司轉讓票據時，只蓋公司章，而沒有蓋上自己的董事長章，其轉讓票據的行為是否有效？

為方便當事人，票據行為不限本人親自為之，可以由代理人代為。但為維護交易安全，票據法就票據的代理設有若干特別的規定。代理人代理本人為票據行為時，須載明(1)本人姓名；(2)為本人代理的意思；(3)代理人簽名或蓋章。例如誠涼涼代理曉紅莓簽發票據，在發票人欄應載明：發票人曉紅莓，代理人誠涼涼並由誠涼涼簽名。

1.有權代理

在有權代理的情況下，若記載事項有欠缺，視其欠缺事項的不同，而有不同效果：

(1)僅代理人簽名，未記載本人姓名及代理的意旨時，由代理人自己負

責（票據法第 9 條），如上例中發票人欄若只記載誠涼涼的簽名，則此時由誠涼涼自負發票人的責任。

⑵僅記載本人姓名，而未記載代理意思及代理人簽名，在代理人確實有代理權的情形下，仍然是一個有效的代理行為，也稱為票據之「代行」。如上例中發票人欄只記載曉紅莓的姓名，因曉紅莓確實授權誠涼涼，所以仍然由曉紅莓負發票人責任。但如果是自然人代表法人簽發票據時只蓋法人的印章，多數學者認為無效，實務見解則有紛歧，為避免日後爭執，法人代表人應避只有法人印章的發票行為。

⑶僅記載本人姓名及代理人的簽名，若本人為自然人，如依社會觀念，已有代理關係存在，則本人仍負票據責任，若本人為法人或商號，則為一有效的代表行為。如上例中，發票人欄記載發票人曉紅莓及誠涼涼簽名，倘依社會觀念，已有代理權存在，則此時由曉紅莓負發票人責任。若發票人欄記載：幼咪咪美容生醫股份有限公司的公司章，及董事長白皙皙的章，這時是一個有效的發票行為，由幼咪咪美容生醫股份有限公司負發票人的責任。

2.代理權有瑕疵

若代理人的代理權有瑕疵，視其瑕疵的不同，而有不同的效果：

⑴無代理權（票據法第 10 條第 1 項）

無代理權而以代理人名義為票據行為時，由代理人自己負責。如上例中若曉紅莓並未授權誠涼涼簽發票據，由於誠涼涼並無代理權，縱使在發票人欄中記載：發票人曉紅莓，代理人誠涼涼，仍由誠涼涼自己負發票人的責任。

⑵越權代理（票據法第 10 條第 2 項）

代理人逾越權限時，就權限外的部分，應自負票據責任。如上例中，誠涼涼的代理權限為新臺幣 50 萬元,誠涼涼卻代理曉紅莓簽發面額新臺幣

60 萬元的票據，就超出的金額部分（即新臺幣 10 萬元），由誠涼涼自行負責。在越權代理的部分，雖票據法第 10 條規定，本人僅就授與代理權的範圍內負責，但如果有「表見代理」的情形，本人仍應依票據上的文義負全部責任。例如寧榮榮是寧風致的掌上明珠，在新臺幣 100 萬元的額度內，可以代理寧風致簽發支票。某日寧榮榮代表寧風致與柳二龍洽談生意，並代理寧風致簽發一張面額新臺幣 150 萬元的支票給柳二龍，寧風致在場卻未加反對，此時構成民法第 169 條的表見代理，寧風致仍應就新臺幣 150 萬元負責。

倘係無權代理票據行為，而有表見代理之情形時，且第三人係善意無過失，此時本人亦應依票據上記載的文義負責。

3. 票據代理與空白授權票據、使者、本人機關或代行之差異

(1)票據代理與空白授權票據不同，有權補充空白授權票據之人，僅須補填票據上的應載事項，不必在填寫部分簽章，而票據行為之代理人應在票據上簽章；另外，空白授權票據的行為人，須在票據上簽章，但票據代理之本人，並未在票據上簽章。

(2)票據代理與「使者」或「本人機關」不同，所謂「使者」或「本人機關」，係本人的手足或工具，只能傳達本人已決定之意思或表示本人已決定的意思，不得自己為意思之決定，但票據行為的代理人在代理權的範圍內，可以自己決定意思表示之內容。茲舉一例說明「本人機關」：寧毅簽發未記載發票日的支票數張給蘇伯庸，以支付房租，並交代蘇伯庸以每月的五號為發票日，此時蘇伯庸並無自己決定意思表示內容的空間，故蘇伯庸為寧毅之「機關」。

(3)僅記載本人姓名，而未記載代理意旨及代理人簽名，稱為「代行」，若代理人並無代理權，則構成票據的偽造。

本案中童禮心為好童年玩具有限公司的董事長，於代表公司為背書行

為時，僅記載公司名稱，未載明代表的意旨，也沒有蓋上自己的董事長章。在童禮心確實有代表權的情形下，基於促進票據流通，該代表公司的背書行為仍為有效，由好童年玩具有限公司負背書責任。

五、誠涼涼所簽發票據的票面金額為新臺幣 30 萬元，而應交給好童年玩具有限公司的貨款為新臺幣 50 萬元，童禮心可否直接依票據法向誠涼涼請求短少的新臺幣 20 萬元？

因票據行為所發生的票據上權利義務關係，稱為票據關係，其主要內容為付款請求權與追索權（詳見本章第三節）。非因票據行為所發生的法律關係，稱為非票據關係，依票據法是否有規定，又可分為票據法上的非票據關係與非票據法上的非票據關係。

1.票據法上的非票據關係

　⑴利益償還請求權（詳見本章第七節）。

　⑵匯票執票人發行複本請求權（詳見第二章第七節）。

　⑶交還複本請求權（詳見第二章第七節）。

　⑷交換謄本請求權（詳見第二章第七節）

　⑸付款後的票據交出請求權（詳見第二章第五節）。

票據法上的非票據關係其消滅時效與票據法上的票據關係不同，不適用票據法第 22 條規定，而應適用民法關於消滅時效的規定。票據法上的非票據關係，其權利行使亦無欠缺保全手續而喪失的問題。

2.非票據法上的非票據關係

⑴**原因關係**

在說明三的說明中曾提到，原因關係與票據行為相互獨立，原因關係的有效與否不影響票據行為的效力，票據債務人亦不得以原因關係無效作

為理由，拒絕支付票面金額給執票人。但若票據債權人與票據債務人為原因關係的直接當事人，則不在此限。例如李敏潤向家具行購買一套沙發，並簽發一張新臺幣 5 萬元本票給家具行，但沙發送到後，李敏潤發現沙發有破損，於是與傢具行解除買賣契約。若家具行老闆在契約解除後，持本票向李敏潤請求付款，由於李敏潤與家具行老闆為買賣關係的直接當事人，所以李敏潤可以主張買賣契約已解除，拒絕支付票款給家具行。

(2)資金關係

匯票及支票的付款人所以願意替發票人支付票款，必定是與發票人間有其他的法律關係，此種關係稱為資金關係。例如誠涼涼為購買重訓器材，簽發一紙以蔡桃貴為付款人的匯票給李敏潤運動器材行。蔡桃貴之所以願意擔任付款人是因為向誠涼涼購買房屋而欠了誠涼涼一筆錢。此時誠涼涼與蔡桃貴間的契約關係，即為資金關係。

資金關係僅為發票人與付款人間的關係，如同原因關係一般，與票據行為相互獨立，資金關係無效或不存在，不影響票據行為的效力。如前例中誠涼涼簽發匯票後，蔡桃貴發現其所購買的房屋是海砂屋，而解除與誠涼涼的房屋買賣契約，此時誠涼涼所簽發的匯票仍是一紙有效的票據。蔡桃貴拒絕承兌時，李敏潤運動器材行仍可向誠涼涼行使追索權。惟若票據債權人與票據債務人為資金關係的直接當事人，則票據債務人可以資金關係無效或不存在為理由，拒絕付款。

資金關係在一般情形，多由發票人先提供資金予付款人，再簽發票據委託付款人付款，但先由付款人付款，再向發票人請求補償亦無不可。資金關係通常為金錢，但債權、實物、信用，也可作為資金。

資金關係與票據關係相互獨立，除資金關係的直接當事人外，票據債務人不得以此作為抗辯。發票人不得以已供資金予付款人為由，拒絕執票人行使追索權；承兌人亦不得以未受資金為由拒絕付款。惟須注意支票的

付款人因其未在票據上簽名，故非票據債務人，其以發票人存款不足拒絕付款，並未構成「資金關係與票據關係相互獨立」之例外。

⑶**票據預約**

票據行為人所以簽發或移轉票據，固然是因為當事人間有原因關係，但為何當事人履行原因關係時，選擇交付票據而非交付現金，是因為當事人間約定以票據為原因關係的給付方法，此種約定即稱為票據預約。票據預約的內容，除了約定以交付票據為給付方式外，通常就票據的種類、金額、到期日等，亦有約定。票據預約的成立、履行及不履行時的法律效果，應適用一般民法的規定。

3. 各種票據的票據關係圖

⑴**匯　票**

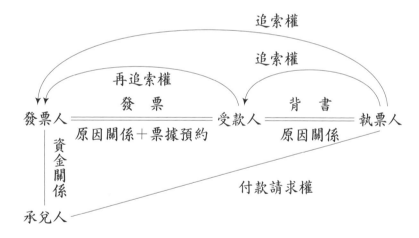

⑵本 票

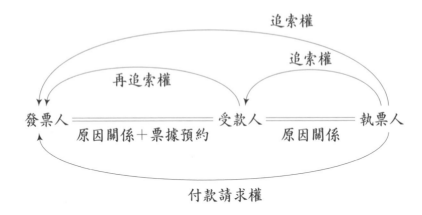

⑶支 票

支票的票據關係圖與匯票同，不過「承兌人」的地方應換成「付款人」。

在本案中，誠涼涼及童禮心約定以簽發面額新臺幣 50 萬元整的匯票，作為貨款。但誠涼涼一時疏忽將面額記載為新臺幣 30 萬元整，顯然違反了誠涼涼與童禮心間的約定。由於這種約定屬於非票據法上的非票據關係，適用民法的規定，所以童禮心應依民法的規定向誠涼涼請求短少的新臺幣 20 萬元貨款。

習 題

◎連連看

發票·　　　　　　　　·匯票

背書·

承兌·　　　　　　　　·本票

參加承兌·

保證·　　　　　　　　·支票

◎選擇題

（　）1.駱伍拿到一張匯票，該匯票會因下列何種情形而無效？

(1)欠缺絕對必要記載事項　(2)欠缺相對必要記載事項

(3)欠缺任意記載事項　　　(4)以上皆是

（　）2.常欠欠簽發一張本票給駱伍，駱伍把票據轉讓給皮再揚，皮再揚把票據轉讓給遲珊珊，該票據會因下列何種情形而無效？

(1)皮再揚沒有行為能力

(2)常欠欠沒有簽發票據而是第三人假冒常欠欠之名簽發的

(3)以上皆非

（　）3.駱伍代理皮再揚為票據行為，可以只記載下列那一事項，而不影響代理票據行為的效力？

(1)駱伍的簽章　(2)皮再揚的姓名

(3)代理之意旨　(4)以上皆可

（　）4.16歲的甲為購買重型機車，未詢問父母意見即簽發一紙本票予機車行老闆乙作為價金，甲的父母得知此事後表示不同意。乙明知此事仍將該本票背書轉讓給丙，但丙

不慎遺失該本票，被丁拾得。丁再偽造丙的簽名背書轉讓給善意的戊。戊依法能向何人主張追索權？

(1)甲　(2)乙　(3)丙　(4)丁

(　　) 5. 成年的乙明知其父甲在加護病房昏迷中，竟以其父名義簽發支票一紙給 14 歲的弟弟，並騙 14 歲的弟弟丙背書給自己後，自己再背書給丁，以便向善意的丁借錢。丁屆期提示遭退票，請問何人需負票據責任？

(1)甲、乙、丙，均不負票據責任。因甲陷於昏迷無權利能力，自無票據行為能力，其後之背書均無效

(2)甲、乙、丙，均不負票據責任。因甲陷於昏迷無權利能力，而丙為限制行為能力人，未得法定代理人同意或承認的發票與背書行為均無效，故乙之背書亦屬無效

(3)乙、丙負票據責任。因丙雖為限制行為能力人，但其既為背書，對善意執票人丁，自應負責

(4)乙負票據責任。乙為有行為能力人，不因其父無行為能力或丙為限制行為能力人而影響背書之效力

(　　) 6. 甲開立本票一張給乙，授權乙自行填寫到期日，然而乙未填寫到期日就直接拿著本票向甲請求付款。請問，甲有無付款義務？

(1)有。此為見票即付的本票

(2)無。到期日不得授權他人填寫，本票應屬無效

(3)無。乙取得授權卻不填載，票據行為的要件顯不完備

(4)無。既然乙已取得填載到期日的授權，自應為記載，否則不得向甲請求付款

◎試舉例說明下列名詞

1. 原因關係

2. 資金關係

3. 票據預約

第三節 票據權利

本節重點

◎票據權利的取得

```
┌ 發票→記載＋交付
│              ┌ 須由無權利人處取得票據
│              ├ 須依票據法規定的轉讓方式受讓票據
├ 善意取得 ─┤ 須非因惡意或重大過失取得票據
│              ├ 須支付相當的對價
│              └ 匯票及本票須在到期日前取得
├ 轉讓
└ 其他法定方式
```

◎票據權利

　　付款請求權→追索權

◎票據權利的行使與保全

```
┌ 方法 ┌ 行使→提示
│      └ 保全→遵期提示＋作成拒絕證書
├ 地點：票據上指定之處所→營業所→住居所
│        →法院公證處、商會、其他公共會所
└ 時間：營業日內的營業時間
```

┌─────────────────────────────┐
│　　　　　　　　本節目標　　　　　　　　│
└─────────────────────────────┘

　　　1.介紹票據權利的取得方式，重點擺在「善意取得票據」的構成要件與效果。票據法對善意取得並無明文規定，而是從票據法第 14 條的反面解釋加上學說而來。

　　　2.介紹票據權利的種類，重點擺在行使票據權利的主體與對象，並建立讀者對票據債務人的初步概念。

　　　3.簡單說明票據權利的行使方法、時間、地點，重點在讓讀者了解如何保全票據權利。

案　例

　　狄千尋簽了一紙具備法定應記載事項獨漏受款人的支票，票面金額為新臺幣 10 萬元。在交付支票給受款人前，不小心遺失。湯婆婆撿到狄千尋遺失的支票非常開心。恰逢元宵節前夕，湯婆婆在受款人欄簽上自己的名字後，背書轉讓給錢山坊國際花燈有限公司，用以購買巨型卡通花燈放在自己的店門口。負責這筆交易的錢山坊國際花燈有限公司總經理——錢山坊女士對於支票遺失一事不知情且無重大過失。

問　題

一、錢山坊國際花燈有限公司可否持該支票向票據上所記載的金融業者請求支付票面金額？

二、如果金融業者以發票人存款不足為理由，拒絕支付，錢山坊國際花燈有限公司應該怎麼辦？

說　明

一、錢山坊國際花燈有限公司可否持該支票向票據上所記載的金融業者請求支付票面金額？

　　所謂票據權利，指票據上所表現的金錢債權。票據權利的取得方法有四：發票、善意取得、受讓及其他法律規定。學者將前二者歸類為原始取得、後二者歸類為繼受取得。從民法的觀點，區別原始取得、繼受取得的實益，在於判定受讓人是否繼受讓與人（前手）的瑕疵（負擔）。例如 A 有土地一筆，設定抵押權予 B，後 A 將該筆土地賣給 C，由於 C 是從 A 手上受讓土地，屬於繼受取得，因此 C 所受讓的土地仍存在 B 的抵押權（民法第 867 條）。如果 C 是因取得時效的規定而取得該筆土地 （民法第 769 條、第 770 條）時，則 C 為原始取得該筆土地，B 的抵押權即不存於該筆土地（但此種情形於實務上不可能存在，因為不動產的取得時效規定，只適用於未登記的不動產。而依民法第 758 條的規定，設定抵押權須經登記。換句話說，想要設定登記抵押權，就必須先登記所有權。所以合法有效設定抵押權的土地，必定是已登記的土地，不適用不動產取得時效規定）。惟依票據法第 13 條規定，執票人除惡意或以非正當方法取得票據者，本不繼受前手的瑕疵。

1.發　票

　　發票人簽發票據並交付給受款人時，受款人即因發票人的發票行為而取得票據權利。但應特別注意：發票人填寫後，受款人仍未取得票據權利，必須發票人將票據交付給受款人時，受款人才取得票據權利。因此若發票人於填載票據後交付票據前遺失票據時，由於受款人還未取得票據權利，不屬於票據法第 18 條所稱的「票據權利人」，僅發票人得為止付通知及聲

請公示催告。

2.善意取得

　　為了保障交易安全，促進票據的流通，票據法特別規定：依票據法規定方式受讓票據的人，如果在受讓票據時是善意而且沒有重大過失，雖然轉讓票據的人沒有讓與票據的權利，受讓人仍然取得票據權利，此稱為票據的善意取得。此一規定的目的是避免受讓票據的人，還要花時間追查轉讓票據的人，是否確實享有票據權利，影響社會大眾使用票據的意願。如果受讓人是善意取得票據，則不論原來的執票人為何失去票據（例如遺失、被偷），原執票人均不得向受讓人請求交還票據。民法亦設有善意取得的規定（民法第 948 條），票據法為促進票據之流通，亦採用此一制度，此為票據法第 14 條的立法理由。票據法第 14 條未正面規定善意取得的要件，其成立要件是由學者所歸納。票據法的善意取得與民法的善意取得有若干不同：(1)民法僅以善意為要件，票據法還加上無重大過失的要件；(2)民法的善意取得對盜贓或遺失物設有例外規定 （民法第 949 條），票據法並無例外；(3)民法的善意取得，不論為有償取得或無償取得，均受同等保護（須注意民法第 950 條的例外規定），但票據法上的善意取得，須支付相當對價。依票據法的規定，善意取得票據的要件如下：

(1)須由無權利人處取得票據

　　如果受讓人是由有權利人處取得票據，當然享有票據上權利，沒有適用善意取得票據規定的必要。所謂「須由無權利人處取得票據」，以受讓人的直接前手為限 （即讓與人為無權利人），其間接前手有無處分權在所不問。因此若 A 簽發支票一張交付給 B，B 遺失後為 C 所拾得，C 偽造 B 的簽名，然後背書轉讓給 D，D 再背書轉讓給 E。E 是否取得票據權利，須先討論 D 是否符合票據法善意受讓的要件。如果 D 符合善意受讓，則 D 為有處分票據權利的人，此時 E 是從有處分權人手中取得票據權利（即因

轉讓而取得票據權利）；若 D 不符合善意受讓的要件，則 D 仍為無權處分票據權利的人，此時必須視 E 是否符合善意取得的要件，決定 E 是否取得票據權利。

⑵須依票據法規定的轉讓方式受讓票據

受讓票據的人，必須是按票據法規定的轉讓方式（背書或交付轉讓，詳見第二章第二節）受讓票據。所謂「須依票據法規定的轉讓方式受讓票據」，指背書轉讓或交付而言。若發票人已為禁止背書轉讓的記載，而受款人違反該記載將票據背書轉讓他人，則僅生一般債權讓與的效力，這種票據無善意取得的適用。又「委任取款背書」的被背書人，只取得代理行使票據權利的資格，並未取得票據權利，這種背書也無善意取得的適用。

⑶須非因惡意或重大過失取得票據

如果受讓人明知或稍加注意即可知道：轉讓票據的人沒有讓與票據的權利，則不適用善意取得的規定（票據法第 14 條第 1 項）。此時票據債務人可以以執票人是惡意取得票據或有重大過失為理由，拒絕支付票款（詳見本章第四節）。所謂「非因惡意或重大過失取得票據」，係以受讓票據時為準，即使受讓人取得票據後發現讓與人為無處分權人，只要受讓人在取得票據當時係善意無重大過失，仍有善意取得的適用。

倘票據上已記載「止付」字樣，有無善意取得規定之適用（換言之，受讓人受讓時是否為惡意或有重大過失），最高法院之判決不一，惟票據經止付後，並未失效，不能當然據以推定受讓人於受讓票據時具惡意或重大過失，仍應從其他事實綜合判斷。

倘受讓人為未成年人、法人或非法人團體，其受讓時有無惡意或重大過失，應取決於法定代理人或代表人，而非受讓人。至於受讓人為代理人時，除受讓人係依本人的指示而為行為者外（民法第 105 條），是否有惡意或重大過失，應取決於受讓人。

票據受讓人符合善意取得的要件後，即取得票據權利，無論原執票人喪失票據的原因為何（遺失、被盜等），均不得向取得人請求返還，同時善意取得為原始取得，票據上縱設有負擔，例如設有質權，亦歸於消滅。

縱為「空白授權票據」或「漏載必要事項之不完全票據」，只要受讓人受讓時，絕對必要記載事項已有記載，亦有善意取得的適用。

⑷**執票人須支付相當的對價**

如果受讓人未付出對價（例如因贈與而取得）或以不相當的對價（例如票面金額為新臺幣 10 萬元整，而受讓人只付了新臺幣 1 千元）取得票據，則不適用善意取得的規定（票據法第 14 條第 2 項）。

⑸**匯票及本票須在到期日前取得**

依票據法關於匯票及本票的規定，到期日後才轉讓票據，不會發生轉讓票據權利的效力，因此在到期日後才取得的匯票或本票，不適用善意取得票據的規定。

3. 轉　讓

即按票據法規定的方式，從票據權利人處取得票據權利。

4. 其他法定方式

例如繼承、被追索人因償還票據債務、票據保證人因清償票據債務、參加付款人因付款等，亦可取得票據權利。

本案中，湯婆婆是在街上撿到支票，非票據權利人，沒有轉讓票據的權利，就錢山坊而言，錢山坊是由無權利人處，依票據法規定的轉讓方式（背書轉讓）取得該支票，而錢山坊對於湯婆婆無票據權利一事，並不知道也無從得知，且該支票是錢山坊出售新臺幣 10 萬元貨物的對價，符合票據法上善意取得票據的規定，所以雖然湯婆婆沒有轉讓票據的權利，錢山坊仍然取得票據上的權利，可以向支票上記載的金融業者請求支付票款。

二、如果金融業者以發票人存款不足為理由，拒絕支付，錢山坊國際花燈有限公司應該怎麼辦？

㈠票據權利的內容

票據債權人為執票人，從權利內容區分，可以分為付款請求權與追索權。至於債務人所負擔的債務，則可分為主債務與償還義務。

1.付款請求權

所謂付款請求權（又稱票據的第一次權利），是指執票人向特定的票據債務人請求支付票款的權利。執票人可能是受款人，或票據的最後受讓人，在匯票或本票中，也可能是參加付款人（詳見第二章第六節）。

須注意者付款請求權對應的行使對象並非全然是下面所提及的主債務人，也可能包含其他非票據債務人的付款人、擔當付款人、預備付款人、票據交換所等。

2.追索權

原則上，執票人必須向特定的票據債務人，行使付款請求權被拒絕後，才可以行使追索權（又稱票據的第二次權利），請求該票據上所載的其他票據債務人支付票據金額，惟在匯票付款人拒絕承兌時，執票人可以提前行使追索權。須注意者，追索權對應的行使對象亦並非全然是償還義務人，例如匯票的承兌人是主債務人，但多數學者認為亦可向承兌人行使追索權。

依票據法規定，可以行使追索權的人有以下四種：

①最後執票人。

②已清償票款的被追索人。

③背書人被追索時且遭執票人起訴時，雖未清償票款，也可以行使追索權。

④保證人代被保證人清償票據上債務後，也可以行使追索權。

從票據債務的內容區分，主要可分為主債務人及償還義務人。

3.主債務人

所謂主債務人（又稱第一債務人），其所負的票據責任是絕對付款責任，也是最終負擔票據責任的人。換句話說，除非付款請求權罹於時效，否則縱使執票人未在法定期間內提示或作成拒絕證書，主債務人對執票人仍不能免責（票據法第 85 條、第 121 條、第 132 條）。依照票據種類，主債務人為：

⑴匯票：承兌人（票據法第 52 條）及其保證人（票據法第 61 條第 1 項，詳見第二章）。

⑵本票：發票人（票據法第 121 條）及其保證人（票據法第 61 條第 1 項）。

⑶支票：發票人（票據法第 126 條、第 134 條）及保付支票之付款人（票據法第 138 條第 1 項）。支票發票人的責任性質，究屬主債務人，或償還義務人，學說仍有爭議，尚無定論，詳如本書第四章。

4.償還義務人

償還義務人（又稱第二債務人），其所負擔者為擔保承兌或擔保付款相對責任，也就是說執票人未在法定期間內行使或保全票據權利時，對於償還義務人即喪失追索權（票據法第 104 條、第 124 條、第 131 條、第 132 條）。

⑴匯票：發票人（票據法第 29 條第 1 項）、背書人（票據法第 39 條）、參加承兌人（票據法第 57 條）及上開票據債務人之保證人（票據法第 61 條第 1 項）。

⑵本票：背書人（票據法第 124 條準用第 39 條、第 29 條）及其保證人（票據法第 61 條第 1 項）。

⑶支票：背書人（票據法第 144 條準用第 39 條、第 29 條）及其保證

人（票據法第 144 條準用第 61 條第 1 項）。

主債務人與償還義務人的比較：

	性質	保全手續欠缺時	時效	責任金額
主債務人	絕對付款責任（最終責任）	不受保全手續欠缺而免除責任	較長（票據法第 22 條第 1 項）	票面金額
償還義務人	相對償還責任	執票人因保全手續欠缺，而喪失追索權	較短（票據法第 22 條第 2、3 項）	追索權（票據法第 97 條）、再追索權（票據法第 98 條）

5. 茲將各種票據之當事人圖示如下

(1)匯　票

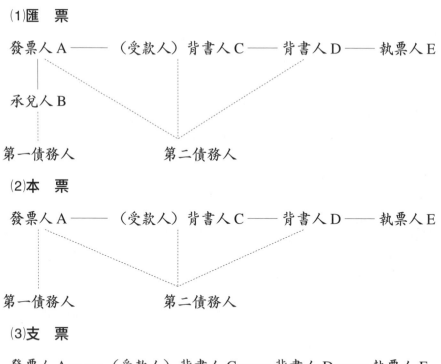

發票人 A ── （受款人）背書人 C ── 背書人 D ── 執票人 E

承兌人 B

第一債務人　　　　　　第二債務人

(2)本　票

發票人 A ── （受款人）背書人 C ── 背書人 D ── 執票人 E

第一債務人　　　　　　第二債務人

(3)支　票

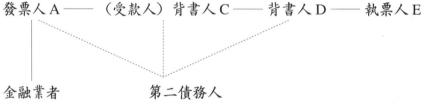

發票人 A ── （受款人）背書人 C ── 背書人 D ── 執票人 E

金融業者　　　　　　第二債務人

（金融業者非票據債務人，發票人是否為主債務人則有爭議。）

6.付款請求權與追索權行使主體與對象之相關條文

　　再次提醒，付款請求權和追索權是一組概念，主債務人和償還義務人則是另一組概念，因付款請求權對應的行使對象並非全然是主債務人，而追索權對應的行使對象亦並非全然是償還義務人。

　　⑴付款請求權

　　①行使主體：執票人。執票人可能是受款人、背書人或參加付款人（票據法第 84 條、第 124 條）。

　　②行使對象

　　A.匯票──承兌人（票據法第 52 條）、擔當付款人（票據法第 69 條第 2 項）、票據交換所（票據法第 69 條第 3 項）、參加承兌人或預備付款人（票據法第 79 條第 1 項）、承兌人及參加承兌人之保證人（票據法第 61 條）。

　　B.本票──發票人及其保證人（票據法第 124 條準用第 61 條）、擔當付款人或票據交換所（票據法第 124 條準用第 69 條第 2、3 項）。

　　C.支票──付款人、票據交換所（票據法第 144 條準用第 69 條第 3 項）。

　　⑵追索權

　　①行使主體：執票人、已清償票款的被追索人（票據法第 96 條第 4 項）、背書人被追索且遭提起訴訟時（票據法第 22 條第 3 項）、保證人清償債務後（票據法第 64 條）。

　　②行使對象：發票人（票據法第 29 條、第 121 條、第 126 條）、背書人（票據法第 39 條、第 124 條、第 144 條）、以及這些人的保證人（票據法第 61 條第 1 項、第 124 條）。

㈡票據權利的行使與保全

　　票據權利人請求票據債務人履行票據債務的行為，稱為票據權利的行使，票據法對於票據權利的行使，訂有一定的程序與方法，如果未按票據法規定的程序與方法行使票據權利，可能會因此喪失票據權利。而執票人預防票據權利喪失的行為，即稱為票據權利的保全。執票人行使票據權利通常即發生保全票據權利的效果。關於票據權利的行使與保全，須注意下列事項：

1.方　法

　　行使票據權利的方法，為「提示」，即權利人必須把票據拿給債務人看，請求債務人履行債務。保全票據權利的方法，為「遵期提示」及「作成拒絕證書」，也就是在法律規定的期限內向債務人提示票據，如果債務人拒絕履行債務，權利人必須將此事作成書面。

2.地　點

　　票據權利人應該在下列的地點行使或保全票據權利：

　　⑴票據上指定的地點。

　　⑵票據上沒有指定地點時，在票據關係人的營業所；票據關係人沒有營業所時，在其住所或居所。

　　⑶如果不知道票據關係人的營業所、住所或居所，可以請求法院公證處、商會或其他公共會所調查，如果仍調查不出，可以在該法院公證處、商會或其他公共會所作成（票據法第 20 條）。

3.時　間

　　票據權利人行使或保全票據上的權利時，應該在票據關係人營業日的營業時間內為之，如果沒有特定營業日或未訂有營業時間，應在通常營業日的營業時間為之（票據法第 21 條）。

　　本案中，若金融業者拒絕支付票款時，錢山坊國際花燈有限公司可以

向湯婆婆行使追索權，請求湯婆婆支付票款，惟錢山坊必須在法定期限內向金融業者提示支票，並作成拒絕證書，否則錢山坊國際花燈有限公司的追索權將喪失。

習 題

◎選擇題

( ) 1.李維斯從伊森的抽屜偷走了一張支票,然後把該支票背書轉讓給誠涼涼,伊森發現以後,向誠涼涼請求交還支票,誠涼涼如果想要主張善意取得,必須符合那一要件? (1)支票是從無權利人處取得 (2)依票據法規定的方式受讓該票據 (3)有支付相當的對價 (4)以上皆是

( ) 2.美好飾取得一張匯票,她應該向誰行使付款請求權? (1)發票人 (2)承兌人 (3)背書人 (4)以上皆可

( ) 3.童禮心取得一張本票,他應該向誰行使付款請求權? (1)發票人 (2)承兌人 (3)背書人 (4)以上皆可

( ) 4.李維斯簽發一張支票給伊森,伊森背書轉讓給曉紅莓,曉紅莓向票上記載的金融業者請求付款時遭拒絕,曉紅莓可以向誰行使追索權,請求支付票面金額? (1)李維斯 (2)伊森 (3)以上皆可

( ) 5.甲因向乙購貨遂簽發新臺幣 10 萬元之匯票一張交付乙,乙空白背書後交付丙,丙塗銷乙之背書後未經背書即將匯票交付丁,丁背書後交付戊,戊經丁之同意將匯票變造為新臺幣 30 萬元並將匯票背書交付己,己於到期日屆至向付款人 X 提示請求付款被拒,於作成拒絕證書後向甲、乙、丙、丁、戊追索,試問下列敘述何者正確? (1)甲、乙均應負新臺幣 10 萬元之票據責任 (2)丙應負新臺幣 10 萬元之票據責任 (3)丁應負新臺幣 10 萬元之票據責任

⑷戊應負新臺幣 30 萬元之票據責任

（　）6.甲簽發一張匯票，以乙為受款人，面額新臺幣 50 萬元，以償還甲所欠乙之貸款新臺幣 50 萬元，乙以背書方式轉讓給丙，丙再背書轉讓給丁，丁向付款人提示承兌遭拒，乃向甲行使票據權利，甲乃以乙對自己負有已到期之新臺幣 30 萬元債務為抵銷，請問下列敘述，何者正確？

⑴甲可以依民法之規定，對丁為抵銷之主張

⑵甲可以依票據法之規定，對丁為抵銷之主張

⑶甲不可以其對乙之債權，對丁主張抵銷

⑷甲可以在得到法院對乙之判決後，對丁主張抵銷

（　）7.張三於路上撿到一紙由甲簽發給乙的新臺幣 5 萬元支票，其在假冒乙的背書簽名後，將該支票再自行背書轉讓給善意無過失的李四，以清償其積欠李四的部分債務。試問下列有關甲、乙、張三對該支票所應負票據責任之敘述，何者正確？

⑴李四未取得票據權利，故甲、乙、張三均不負票據責任

⑵甲、乙、張三均應負票據責任

⑶甲、張三均應負票據責任

⑷僅張三應負票據責任

第四節 票據抗辯

本節重點

◎票據抗辯的種類

是否可以對抗所有執票人 ┬ 物的抗辯 ┬ 任何票據債務人都可主張
　　　　　　　　　　　　│　　　　　└ 僅特定票據債務人可主張
　　　　　　　　　　　　└ 人的抗辯 ┬ 任何票據債務人都可主張
　　　　　　　　　　　　　　　　　　└ 僅特定票據債務人可主張

◎票據抗辯的限制

┬ 票據債務人不得以自己與發票人間所存的抗辯事由對抗執票人
└ 票據債務人不得以自己與執票人的前手間所存的抗辯事由對抗
　執票人

◎票據抗辯限制的例外

┬ 惡意抗辯
└ 對價抗辯

本節目標

　　1.本節旨在使讀者了解：⑴何謂票據抗辯；⑵票據法對票據抗辯的特殊限制規定；⑶票據債務人例外得以那些事由對抗執票人。

　　2.何種事由屬於絕對抗辯、何種事由屬於相對抗辯。又，票據抗辯限制之規定，宜與本章第二節「非票據法上的非票據關係」合併閱讀，以建立讀者完整的票據抗辯概念。

案 例

　　誠涼涼向美好飾購買珠寶飾品，簽發了一張匯票給美好飾作為貨款，並以伊森為付款人，後來誠涼涼將珠寶拿去鑑定，才知道美好飾所售的其實是紅玻璃，誠涼涼遂解除與美好飾間的買賣契約，但美好飾已將匯票背書轉讓給受監護宣告的李敏潤，李敏潤又背書轉讓給已知道誠涼涼、美好飾解除契約的曉紅莓。曉紅莓向伊森請求承兌時，遭伊森拒絕。

問 題

一、曉紅莓可否向李敏潤行使追索權，請求支付票款？
二、曉紅莓可否向誠涼涼行使追索權，請求支付票款？

說 明

一、曉紅莓可否向李敏潤行使追索權，請求支付票款？

㈠票據抗辯的意義

　　所謂票據抗辯，指票據權利人向票據債務人請求付款時，票據債務人提出法律規定的事情作為理由（抗辯事由），拒絕票據權利人的請求。票據抗辯的事由，依其是以票據本身的瑕疵，或是以票據債務人基於票據以外的個人實質關係，分為物的抗辯與人的抗辯。

㈡票據抗辯的種類

1.物的抗辯（又稱為絕對抗辯）

　　物的抗辯，是以票據本身的瑕疵作為抗辯理由。所謂票據本身的瑕疵，指從票據的外表就可發現，或票據責任根本不存在。票據債務人可以此理

由，對抗票據債權人的請求，不會因執票人的變更而有影響，所以又稱為絕對抗辯。物的抗辯又可分為：

⑴任何票據債務人都可主張

如果票據的瑕疵，從票據的外表就可發現，則任何票據債務人都可以主張。例如票據欠缺法定絕對必要記載事項、票據未到期、票據罹於時效（詳見第一章第七節）等。

⑵僅特定票據債務人才可主張

票據外觀雖然沒有瑕疵，但由於特定債務人的關係，以致該特定債務人完全不必負票據責任。例如特定債務人欠缺行為能力、票據出於偽造或變造、票據行為受脅迫等。

茲將票據法關於物的抗辯事由，進一步列舉如下（對抗一切執票人）：

⑴否定票據行為有效成立的抗辯

①票據上應記載事項有欠缺（票據法第 11 條第 1 項）（所有票據債務人均可主張）。

②票據行為能力的欠缺（票據法第 8 條）（特定票據債務人才可主張）。

③票據行為的無權代理及越權代理（票據法第 10 條）（特定票據債務人才可主張）。

④票據的偽造、票據上簽名的偽造及票據的變造（票據法第 15、16 條）（特定票據債務人才可主張）。

⑤承兌的撤銷（票據法第 51 條）（特定票據債務人才可主張）。

⑥欠缺權利保全手續（票據法第 104 條）（特定票據債務人才可主張）。

⑵基於票據上記載事項的抗辯

①到期日尚未屆至（票據法第 72 條）（所有票據債務人均可主張）。

②票據上載明一部清償或免除債務（票據法第 74 條第 2 項）（所有票據債務人均可主張）。

③提示處所不符（票據法第 20 條）（特定債務人才可主張）。

⑶票據債務消滅或票據已失效之抗辯

①票據經合法付款（票據法第 74 條第 1 項）（所有票據債務人均可主張）。

②票款業經合法提存（票據法第 76 條）（所有票據債務人均可主張）。

③票據經公示催告及除權判決而宣告無效（票據法第 19 條、民事訴訟法第 564 條第 1 項）（所有票據債務人均可主張）。

④票據上債務已罹於時效（票據法第 22 條）（特定票據債務人才可主張）。

2.人的抗辯（又稱為相對抗辯）

所謂人的抗辯，指票據債務人基於票據以外的個人實質關係（例如原因關係無效），拒絕特定票據權利人的請求。人的抗辯又可分為：

⑴任何票據債務人都可以對該特定票據權利人主張

例如特定票據權利人因破產而欠缺受領票款能力。

⑵僅特定票據債務人可以對特定票據權利人主張

例如票據債務人與特定票據權利人間的原因關係無效、票據債務人對特定票據權利人另有債權而主張抵銷。

茲將票據法關於人的抗辯事由進一步列舉如下（對抗特定執票人）：

⑴基於當事人間實質關係之抗辯

①原因關係不法（即執票人以不法方式取得票據，如竊盜）。

②原因關係無效、不存在或消滅。

③欠缺對價或相當對價（票據法第 14 條第 2 項）。

④融通票據。

⑵基於票據關係所生之抗辯

①欠缺交付行為。

②延期付款之特約。

③票據債務已清償、抵銷或免除而未記載於票據上。

④意思表示有瑕疵。

⑤票據行為違反禁止雙方代理之規定。

⑥執票人為無權利人。

⑶惡意抗辯（詳見後述）

本案中，由於李敏潤欠缺行為能力，其所為的票據行為無效，李敏潤不必負擔票據責任，屬於物的抗辯事由的一種，因此若曉紅莓向李敏潤行使追索權，李敏潤可以自己欠缺行為能力為理由，拒絕曉紅莓的請求。

二、曉紅莓可否向誠涼涼行使追索權，請求支付票款？

㈠票據抗辯的限制

物的抗辯事由，是基於票據本身的瑕疵，通常從票據外表即可發現，不致於使接受票據的人遭受無法預測的損害，因此票據法對物的抗辯事由不加以限制。但人的抗辯事由，是基於個人的實質關係，無法從票據的外表發現，為了保護交易安全，並促進票據的流通，排除民法債權讓與「後手繼受前手瑕疵」的規定，（民法債編第 299 條第 1 項規定：「債務人於受通知時，所得對抗讓與人之事由，皆得以之對抗受讓人。」）故票據法對人的抗辯事由設有限制，稱為票據抗辯的限制（票據法第 13 條）：

1.票據債務人不得以自己與發票人間所存的抗辯事由對抗執票人

此種抗辯事由是存在票據債務人與發票人間。例如陳知畫簽發一張以小鄧子為付款人的匯票給小燕子，小鄧子承兌後即成為票據債務人，不可以以陳知畫沒有事先提供票款或是被陳知畫欺騙才願意承兌作為理由，拒絕付款給小燕子。

2.票據債務人不得以自己與執票人的前手間所存的抗辯事由對抗執票人

此時，抗辯事由是存在票據債務人與執票人前手間。例如伊森簽發一張本票給奈亞，購買畢卡索名畫一幅，奈亞將票據背書轉讓給尚恩，後來伊森發現所謂畢卡索的名畫，居然是奈亞的 3 歲兒子的塗鴉，於是撤銷與奈亞間的買賣契約，當尚恩（執票人）向伊森請求付款時，伊森不得以對抗奈亞（執票人前手）的事由對抗尚恩。

至於票據債務人得否援用其他債務人的抗辯事由？我國目前司法實務上認為不得援用。例如 A 簽發一張本票給 B，B 為清償其對 C 之債務，將該本票背書後轉讓給 C，嗣後 B 又另行償還對 C 之債務，C 持本票向 A 請求付款，A 不得以 B 已清償債務為由，拒絕給付票款。

因此，綜合上述兩點，我們可以知道，依照票據法第 13 條的反面解釋，票據債務人以其自己與執票人間所存的抗辯事由為直接抗辯，係法律所允許。

㈡票據抗辯限制的例外

票據抗辯的限制，其目的在保護善意的執票人，但若執票人非善意，即無保護的必要，學者稱為「惡意抗辯」。所以在下列二種情形，執票人例外地不受保護：

1.執票人惡意取得票據

如果執票人在受讓票據時，明知發票人與票據債務人間的抗辯事由，或明知票據債務人與執票人的直接前手間的抗辯事由，則票據債務人仍然得以自己與發票人或執票人的直接前手間所存在的抗辯事由，對抗執票人（票據法第 13 條但書）。上例中，如果尚恩在受讓票據時，已經知道伊森、奈亞間的買賣契約遭撤銷，則尚恩向伊森請求付款時，伊森得以存在於自己與奈亞的抗辯事由，對抗尚恩。

執票人是否出於惡意取得票據，應由票據債務人負舉證責任。須注意

的是，票據法第 13 條所稱之「前手」，限於「直接前手」，因為票據背書行為，有切斷票據抗辯效力，故執票人縱使明知「前前手」與票據債務人間的抗辯事由，亦受票據抗辯限制規定之保護。例如 A 簽發一張本票給 B，B 因向 C 購物，將票據背書轉讓給 C，C 將票據轉讓給 D，D 又將票據轉讓給 E，嗣後 B、C 解除買賣契約，E 於受讓票據時雖明知此事，但 C 非 E 之直接前手，票據是由 C 背書給 D，再由 D 背書給 E，故 B 仍不得向 E 主張惡意抗辯。

票據法第 13 條但書與第 14 條所指之「取得票據出於惡意」，其意義與效果有所不同。第 13 條但書之「惡意」，指執票人自有處分權人處收受票據時，明知票據債務人與發票人或前手之抗辯事由，執票人仍享有票據權利，僅票據債務人得對其主張抗辯事由；至於第 14 條所稱之「惡意」，指執票人明知票據讓與人無處分票據之權利，執票人根本無法取得票據權利。

2. 執票人以無對價或不相當的對價受讓票據

如果執票人取得票據時，未支付對價，或所付的對價不相當，為了維護公平，此時執票人不得享有優於前手的權利（票據法第 14 條第 2 項）。此為票據上權利瑕疵的推定，因為以無對價或以不相當對價受讓票據者，通常於受讓時存有惡意；且執票人未支付對價（或相當對價），其因票據債務人之抗辯致受有損失之程度較低，較欠缺保護之必要。為維持當事人間的公平，及避免票據債務人舉證證明執票人於收受票據時存有惡意之困難，故票據法例外允許票據債務人以此為抗辯事由。上例中，如果奈亞是將票據贈與給尚恩，雖然尚恩不知道伊森、奈亞已撤銷買賣契約，但尚恩受讓票據時未支付對價，因此伊森仍然得以存在於自己與奈亞間的抗辯事由，對抗尚恩。

本案中，曉紅莓受讓票據時，雖然已經知道誠涼涼、美好飾解除買賣契約的事實，但誠涼涼並非曉紅莓的直接前手（李敏潤才是），所以當曉紅

莓向誠涼涼行使追索權時，誠涼涼不可以自己與美好飾間的抗辯事由，拒絕曉紅莓的請求。

┌─────────────────────────┐
│　　　　習　題　　　　　　│
└─────────────────────────┘

◎選擇題

　　誠涼涼簽發了一張匯票給李維思，以曉紅苺為付款人，李維思把票據轉讓給戴款，戴款又把票據轉讓給喬安娜，喬安娜再把票據轉讓給童禮心。

（　）1.如果誠涼涼忘記在匯票上填發票日，童禮心行使票據權利時，誰可以以此作為抗辯理由？
　　　　(1)誠涼涼　(2)曉紅苺　(3)李維思
　　　　(4)戴款　　(5)喬安娜　(6)以上皆可

（　）2.如果李維思轉讓票據給戴款是因為李維思向戴款買東西，後來李維思解除買賣契約，李維思可以以此作為理由對抗誰？
　　　　(1)誠涼涼　(2)曉紅苺　(3)戴款　(4)喬安娜　(5)以上皆可

（　）3.如果童禮心向李維思行使追索權，李維思可以下列哪一事由對抗？
　　　　(1)童禮心取得票據時，已經知道李維思和戴款的買賣契約遭撤銷
　　　　(2)童禮心的票據是喬安娜送的
　　　　(3)童禮心假冒喬安娜的簽名，把票據背書轉讓給自己
　　　　(4)以上皆可

（　）4.甲向乙購買汽車，簽發面額新臺幣50萬元的本票一紙給乙，但乙交付給甲的汽車瑕疵，減損了該汽車新臺幣10萬元的價值。乙將本票以新臺幣50萬元的對價空白背書交付善意之丙，不幸丙的本票被丁偷走，丁以新臺幣25

萬元的對價將本票交付給善意的戊，戊對甲請求支付票款，試問下列敘述何者正確？

(1)戊對甲不可請求支付票款

(2)戊對甲可請求新臺幣 30 萬元之票款

(3)戊對甲可請求新臺幣 40 萬元之票款

(4)戊對甲可請求新臺幣 50 萬元之票款

第五節　票據的偽造與變造

本節重點

◎票據的偽造

　┌ 種類 ┌ 狹義：發票行為的偽造
　│　　　└ 廣義：狹義＋票據上簽名的偽造
　│
　│　　　┌ 偽造人→不負票據責任→負刑事、民事責任
　│　　　│　　　　　┌ 原則：不負票據責任
　└ 效力 ├ 被偽造人┤
　　　　　│　　　　　└ 例外：表見代理→負票據責任
　　　　　├ 真正簽名人→負票據責任
　　　　　└ 付款人→未盡善良管理人注意義務→民事責任

◎票據的變造

　┌ 票據上記載事項的變更 ┌ 由有變更權人所為→改寫
　│　　　　　　　　　　　　└ 由無變更權人所為→變造
　│
　│　　　┌ 變造人 ┌ 已在票據上簽名→依變造文義負責
　│　　　│　　　　 └ 未在票據上簽名→不負票據責任→負民事、刑
　│　　　│　　　　　　事責任
　└ 效力 ├ 參加或同意變造的人→依變造文義負責
　　　　　│　　　　　　 ┌ 簽名在變造前→依原來文義負責
　　　　　└ 其他簽名人 ┤ 簽名在變造後→依變造文義負責
　　　　　　　　　　　　 └ 不能辨別時→依原來文義負責

本節目標

　　本節旨在使讀者了解票據之「偽造」、「變造」與「改寫」之意義，重點置於「誰應負票據責任」、「所負之票據責任內容為何」。

案　例

　　艾美因為太喜歡在「古飾洋行」購物了，於是欠下誠涼涼新臺幣 10 萬元的款項，艾美假冒莉莎之名，簽發面額新臺幣 10 萬元的本票給誠涼涼，誠涼涼將該本票背書給泰德，泰德把票據金額改成新臺幣 100 萬元後，背書給李維斯。

問　題

一、莉莎是否須負發票人責任？
二、誠涼涼、泰德各自所負的背書人責任為新臺幣 10 萬元或 100 萬元？

說　明

一、莉莎是否須負發票人責任？

　　為了使用票據，假冒他人名義所為的票據行為，稱為票據偽造。所謂他人，不論是實在之人、已死亡之人或虛幻捏造之人均屬之，而偽造人本身是否具有故意、過失要非所問。票據偽造可分為下列二種：

1. **發票行為的偽造**

　　即假冒他人名義所為的發票行為。又稱為狹義的票據偽造。

2. **票據上簽名的偽造**

　　指假冒他人名義，為發票行為以外的票據行為，如背書、保證、承兌等票據行為。票據上簽名的偽造與發票行為的偽造，合稱為廣義的票據偽造。

　　票據偽造的效果可分成四方面說明：

1.對被偽造人的效果

票據上雖然有被偽造人的姓名，但該姓名並非由被偽造人自己記載的，票據法規定「在票據上簽名者，依票上所載文義負責」（票據法第 5 條第 1 項），既然被偽造人並未在票據上簽名，自然不必負票據責任。

但如果有民法表見代理的情形（民法第 169 條），被偽造人仍然應該對善意第三人負責。例如誠涼涼是米櫻子的好朋友，誠涼涼偷拿米櫻子的印章簽發支票給善意的伊丹，簽發支票時米櫻子雖然在場，但為了顧全誠涼涼的面子，沒有當眾揭穿。對伊丹來說，米櫻子既然對誠涼涼的發票行為沒有表示反對，顯然米櫻子允許誠涼涼代理她為發票行為，此時米櫻子仍須對伊丹負發票人責任。此外，若將印章及空白支票本交與他人保管，而保管人擅自利用該印章及空白票據簽發票據，則印章所有人也應依民法第 169 條規定，負授權人責任，即對善意執票人負表見代理之本人（發票人）的責任（最高法院 44 年台上字第 1428 號判例、高等法院暨所屬法院 96 年法律座談會民事類提案第 11 號、臺南地方法院 110 年度新簡字第 700 號判決）。

2.對偽造人的效果

偽造人雖然有簽名的行為，但其所簽的名字是被偽造人的，而不是自己的，因此也不負票據責任。但偽造人將構成刑法的偽造有價證券罪（偽造發票，刑法第 201 條）或偽造文書罪（偽造背書，刑法第 210 條），同時對因此而遭受損害的人，負民法上侵權行為損害賠償責任（民法第 184 條）。倘 A 取得 B 同意，以 B 的名義在某銀行設立支票存款帳戶，B 死後 A 仍持 B 的印鑑填寫申領空白支票，向銀行請領空白支票，繼續以 B 的名義簽發支票，A 是否構成票據偽造？應否負刑法上偽造有價證券罪？司法實務採肯定見解（法務部(80)法檢(二)字第 130 號）。

3.對真正簽名的人的效果

發票的偽造或票據上簽名的偽造，不影響真正簽名的效力，即真正在

票據上簽名的人，仍應負票據責任（票據法第 15 條）。

4.對付款人的效果

　　付款人如果未盡善良管理人的注意，而就被偽造的票據付款時，應負損害賠償責任（票據法第 71 條）。例如，米櫻子在金融業者存留的印鑑是正方形的，誠涼涼偷拿印章時，不慎錯拿為圓形印章，付款的金融業者未仔細比對印鑑，即付款給伊丹，則金融業者對於米櫻子所受的損失，必須負責。

　　金融實務上，銀行與支票存戶間的支票存款往來約定書常訂有「經本行核對支票，認為與存戶原留印鑑相符而憑票支付後，存戶如有因印鑑、支票偽造、變造或塗改而非普通眼力所能辨認者及因被竊盜、詐騙或遺失等情事而發生之損失，本行概不負責。」之條文，以作為免責之依據。司法實務上對於此種約定是否有效的判斷整理如下（最高法院 73 年第 10 次民庭總會決議）：

```
┌ 第三人盜蓋印  ┌ 金融業者明知而仍予付款→金融業者負損害賠償責任
│ 章而偽造支票  └ 金融業者不知(善意)而付款→金融業者不負損害賠償責任
│
└ 第三人偽刻印  ┌ 金融業者明知而仍予付款→金融業者負損害賠償責任
  章而偽造支票  │            ┌ 金融業者未盡善良→金融業者負損害
                └ 金融業者不知 │ 管理人注意義務    賠償責任
                              └ 金融業者已盡善良→金融業者不負損
                                管理人注意義務    害賠償責任
```

　　也就是說，第三人偷拿存款戶在金融業者留存印鑑的印章，偽造支票並向金融業者支領款項時，除金融業者明知其為盜蓋仍予付款的情形外，金融業者不負損害賠償責任。若第三人是以偽刻印章的方式偽造支票時，金融業者是否負責，則依其是否已盡善良管理人注意義務而定。縱然偽刻印章不是普通眼力所能辨認，但若金融機關的辨認過程有抽象輕過失，即應負損害賠償責任（最高法院 102 年台上字第 87 號、高等法院 106 年度上

更(一)字第 39 號）。因此，金融業者如以「定型化契約」（即預先印好統一格式的契約書）約定不負善良管理人注意義務，免除抽象輕過失責任者，此項約定因違背公序良俗（民法第 72 條）而無效。

本案中，莉莎為被偽造人，並未自己在票據上簽名，也沒有表見代理的情形，所以不負發票人的責任。艾美雖是偽造人，但並未簽自己的姓名在票據上，所以也不負發票人責任，但千萬不要以為沒有票據法責任就完全沒事了！此時艾美構成刑法的偽造有價證券罪，且對受讓該支票而遭受損害的人，負民法上侵權行為損害賠償責任。

二、誠涼涼、泰德各自所負的背書人責任為新臺幣 10 萬元或 100 萬元？

票據上所記載的事項，如果是原記載人所為的更改，稱為票據的改寫，如果是無變更票據文義權利的人所為的更改，稱為票據的變造。

票據的改寫，應該在原記載人「交付票據前」為之，且原記載人必須在改寫處簽章（票據法第 11 條第 3 項）。惟票據的金額不得改寫，如果發票人交付票據前改寫票據金額，該票據無效。所謂票據金額不得改寫，指票據的大寫金額不得改寫，但小寫金額可以更改，惟更改後的小寫金額必須與大寫金額相同，並在改寫處蓋用發票人留存印鑑。如果在發票人「交付票據後」才改寫票據金額，依變造票據的規定處理。例如 A 簽發一張發票日為 4 月 1 日的支票給 B，B 將支票背書給 C，C 又轉讓給 D，後因 A 的存款不足，徵得 D 同意，將發票日改為 5 月 1 日，至 5 月 1 日支票仍未獲兌現，D 請求 A、B、C 連帶清償，由於變更日期是在交付支票後由 A 所為，背書人 B、C 並未同意，亦未於變更處簽名，故 B、C 不須依變更後的文義負責，若 D 未於原載發票日（4 月 1 日）的法定提示期間內遵期提示，則喪失對 B、C 的追索權（票據法第 132 條）。

票據經變造後，仍是一張有效的票據。票據有無變造？何時由何人變造？這些問題對於在票據上簽名人的責任影響至鉅，因此認定票據有無變造，應依客觀常理判斷。如果票據外觀並無異狀，執票人依票據文義請求時，票據債務人欲主張票據變造免除該文義責任，應對變造的事實負舉證責任。若無法分辨簽名是在變造前或後，票據法推定在變造前，凡欲推翻此項推定的人，負舉證責任（民事訴訟法第 277 條）。其效果可分成三方面說明：

1.對變造人的效果

變造人如果已經在票據上簽名時，依變造文義負責（票據法第 16 條第 1 項中段），如未在票據上簽名，則不必負票據責任，但構成刑法上變造有價證券罪（刑法第 201 條），且對因其變造行為而遭受損害的人，負民法上侵權行為責任（民法第 184 條）。

2.參加變造或同意變造的人的效果

參加或同意變造的人，不論其簽名在變造前或變造後，皆依變造文義負責（票據法第 16 條第 2 項）。例如誠涼涼將一張面額新臺幣 10 萬元的票據背書給曉紅莓，曉紅莓又將票據背書給藍莓，藍莓經過誠涼涼、曉紅莓的同意後，將金額變更為新臺幣 20 萬元，雖然誠涼涼、曉紅莓的簽名在藍莓變造之前，誠涼涼、曉紅莓所負的背書人責任仍為新臺幣 20 萬元。

3.對其他在票據上簽名的人的效果

凡在變造前簽名的人，仍依原來文義負責（票據法第 16 條第 1 項前段）；變造後簽名的人，依變造的文義負責（票據法第 16 條第 1 項中段）。如果不能辨別在變造前或變造後簽名時，推定其簽名在變造前，即依原來文義負責（票據法第 16 條第 1 項後段）。

以下將變造的效力整理成表格：

簽名在變造前者	簽名在變造後者	不能辨別簽名於變造前後者	參與或同意變造者
依原有文義負責（票據法第 16 條第 1 項前段）	依變造後文義負責（票據法第 16 條第 1 項中段）	推定簽名在變造前（票據法第 16 條第 1 項後段）	均依變造文義負責（票據法第 16 條第 2 項）

　　本案中，泰德是變造票面金額的人，所以按變造文義負責，即泰德所負的背書責任為新臺幣 100 萬元，而誠涼涼是在變造前簽名，所以誠涼涼所負的背書責任為新臺幣 10 萬元。

┌─────────────────┐
│　　習　題　　│
└─────────────────┘

◎選擇題

　　　誠涼涼冒用喬安娜的名義，以喬安娜為發票人，簽發一張面額新臺幣 5 千元的支票給黛安娜，當作生日禮物，於是黛安娜跑去多迪所開設的多迪服飾有限公司買鞋，並把支票背書轉讓給多迪，多迪把支票面額改為新臺幣 5 萬元後，轉讓給威廉。

（　　）1.威廉拿到的支票是：　⑴有效票據　⑵無效票據

（　　）2.多迪應負的票據責任是：

　　　　　⑴新臺幣 5 千元　⑵新臺幣 5 萬元

　　　　　⑶新臺幣 0 元，因為票據無效

（　　）3.喬安娜應負的票據責任是：

　　　　　⑴新臺幣 5 千元　⑵新臺幣 5 萬元

　　　　　⑶新臺幣 0 元，因為不必負票據責任

（　　）4.誠涼涼應負的票據責任是：

　　　　　⑴新臺幣 5 千元　⑵新臺幣 5 萬元

　　　　　⑶新臺幣 0 元，因為不必負票據責任

（　　）5.甲簽發一張新臺幣 1 萬元票據給乙，乙將該票背書轉讓給丙，丙再背書給丁，丁於取得票據後，與乙、丙商量變更票據金額事宜，乙同意將金額變更為新臺幣 10 萬元，但丙反對，之後丁不顧丙反對即將該票據金額變更為新臺幣 10 萬元後再背書轉讓給戊，戊在未察覺有金額變更的情況下又將票據背書轉讓給己。對此張票據，甲、乙、丙、丁、戊是否應對持票人己負票據責任？如應負票據責任，則應負責任之票據金額為多少？

(1)甲、丙、戊不負票據責任，乙、丁應負金額新臺幣 10
　萬元之票據責任

(2)甲、丙不負票據責任，乙、丁、戊應負金額新臺幣 10
　萬元之票據責任

(3)甲、丙、戊應負金額新臺幣 1 萬元之票據責任，乙、
　丁應負金額新臺幣 10 萬元之票據責任

(4)甲、丙應負金額新臺幣 1 萬元之票據責任，乙、丁、
　戊應負金額新臺幣 10 萬元之票據責任

第六節　票據的喪失與塗銷

本節重點

◎票據喪失

向付款人為止付通知

↓

聲請公示催告

↓

向付款人提出已為公示催告聲請的證明

↓

在公示催告所訂的申報期間屆滿三個月內聲請除權判決

↓

取得除權判決後，請求支付票款

◎票據塗銷

效力 ┬ 權利人所為 ┬ 故意→塗銷部分的權利消滅
　　 │　　　　　　└ 過失→不影響票據效力
　　 └ 非權利人所為→不影響票據效力

本節目標

　　1.使讀者了解喪失票據之救濟方法（止付通知、公示催告及除權判決），以及哪些票據不能依法定方式取得救濟，俾於簽發或收受票據時特別注意。

　　由於票據遺失涉及金融實務（止付手續）與司法實務（公示催告與除權判決之意義、作用與流程），茲附上票據掛失止付通知

書及遺失票據申報書（附於本節之末），作為參考範本。

　　2.使讀者了解票據塗銷之效果，及塗銷票據與票據喪失之區別。

案　例

　　美好飾經營「美好的飾珠寶有限公司」，為了方便常常與客戶有票據往來。某天，她帶著一張面額新臺幣 10 萬元的支票、一張面額新臺幣 5 萬元但已付款的本票出門談生意。但粗心的美好飾走到半路時，遺失了這兩張票據。屋漏偏逢連夜雨，過於焦慮的美好飾不小心打翻了剛泡好的咖啡，讓桌上另一張面額新臺幣 3 萬元的支票沾上咖啡，嚇得美好飾快點拿面紙擦乾支票上的咖啡痕。

問　題

一、就遺失的二張票據，美好飾該怎麼辦？

二、被咖啡污染的支票，是否還是一張有效的票據？

說　明

一、就遺失的二張票據，美好飾該怎麼辦？

　　行使票據權利時必須提示票據，若執票人因遺失、被偷等事故的發生而喪失票據，不僅不能行使票據權利，而且有被他人冒領的危險。所以票據法特別規定票據喪失的救濟方法：提出止付通知、聲請公示催告及除權判決。

1.止付通知

　　止付通知是指票據權利人將喪失票據一事，通知付款人，請付款人停止付款。票據權利人在提出止付通知後五日內，必須向付款人提出已為公示催告的證明，若票據權利人未在期限內提出證明，則原先止付的止付通知失效（票據法第 18 條）。同一票據權利人只能為一次止付通知。

　　下列二種票據不可以為止付通知：⑴保付支票（詳見第四章）；⑵已經付款的票據。

2.公示催告

　　止付通知只能阻止他人冒領，票據權利人如果想行使票據權利，則必須進一步聲請公示催告（票據法第 19 條第 1 項）。所謂公示催告，指法院依票據權利人的聲請，以公示的方法，催告不明的利害關係人（例如善意取得票據的人），在一定的期間內申報權利，如果利害關係人逾期不申報，將喪失票據權利（民事訴訟法第 539 條）。

　　下列四種票據不可以聲請公示催告：⑴不得背書轉讓的票據；⑵已經付款的票據；⑶保付支票；⑷空白授權票據。

　　依民事訴訟法的規定，法院准許票據權利人的公示催告聲請時，應該將記載下列事項的公告，張貼在法院的公告處，並公告在法院網站上；於法院認為必要時，法院得將公告內容登載於公報或新聞紙（民事訴訟法第542 條）：⑴聲請人；⑵申報權利的期間及在期間內應為申報的催告；⑶因不申報權利而喪失權利的效果；⑷管轄法院（民事訴訟法第 541 條）。申報權利的期間，除法律另有規定外，自公示催告的公告開始公告在法院網站之日起、最後登載公報、新聞紙之日起，應有二個月以上（民事訴訟法第543 條）。

3.除權判決

　　公示催告程序完成後，如果沒有人申報權利，票據權利人可以聲請法

院為除權判決（消滅權利的判決），宣告該喪失的票據無效。然後持判決請求付款人支付票款（民事訴訟法第 565 條第 1 項）。票據權利人應在公示催告所訂的申報期間到期後三個月內，聲請除權判決（民事訴訟法第 545 條第 1 項本文）。由於自聲請公示催告起至取得除權判決止，須經過相當時間（至少二個月以上），為了避免票據權利人等太久，票據法特別規定，公示催告程序開始後，已到期的票據，聲請人可以提供擔保（即將一定數額的錢或有價證券交給法院），請求支付票款；聲請人不提供擔保時，可以請求付款人將票據金額交給法院、商會、銀行公會等機關，由該機關代為保管（稱為「提存」）；如果是未到期的票據，聲請人可以提供擔保，請求發給新票據（票據法第 19 條第 2 項）。

除權判決是讓原本有效的票據，自判決宣告時起，失其效力。聲請人自除權判決宣告時起，恢復與持有票據相同地位，對於票據債務人，可依該除權判決行使付款請求權或追索權，不必再提示票據。

必須特別提醒的是，如果票據並沒有遺失，只是因為不想付款給執票人，不可以謊報票據遺失，因為按現行的實務處理方式，謊報票據遺失可能構成刑法上不特定人誣告罪（也就是誣指持票人竊取票據），處一年以下有期徒刑、拘役或 9 千元以下罰金（刑法第 171 條），以及刑法上使公務員登載不實罪（也就是使善意的警員將謊報的內容記載在警訊筆錄上），處三年以下有期徒刑、拘役或 1 萬 5 千元以下罰金（刑法第 214 條）。

本案中，美好飾遺失二張票據，一張是已付款的本票，一張是面額新臺幣 10 萬元整的支票。新臺幣 5 萬元的本票既已付款，所以不得為止付通知或聲請公示催告，而支票若尚未付款，則應立即通知支票上記載的金融業者停止付款，並聲請公示催告，以維持止付通知的效力。在公示催告期間，美好飾可以提供擔保請求交付票款，或待公示催告期滿後，聲請除權判決，持該判決請求付款。

二、被咖啡污染的支票，是否還是一張有效的票據？

　　將票據上的簽名或其他記載事項，加以塗抹或銷除的行為，稱為塗銷票據。塗銷票據可以用筆墨或用化學方法，原則上塗銷票據不會使票據無效，但如果塗銷的程度太嚴重，以致於從外表上看不出來是一張票據時，則變成票據的毀損，構成票據喪失的原因，而不僅是票據的塗銷。

　　塗銷背書以外其他票據記載事項的效果，視由誰塗銷而定：

1.由權利人所為

　　票據如果是由權利人故意塗銷，則認為權利人有拋棄該部分權利的意思，其塗銷部分的權利消滅；如果是權利人不小心塗銷的，不影響票據的效力。

2.非由權利人所為

　　票據的塗銷，如果是由無權利人所為，不論出於故意或過失，均不影響票據上的權利（票據法第 17 條）。

　　本案中，美好飾是票據權利人（受款人），因過失塗銷票據，其塗銷的程度，若從外觀上仍可辨認其為票據，且其記載亦可確認時，則不影響票據上的效力。

正本	遺失票據申報書	（正副本一式三份，由付款行社連同「票據掛失止付通知書」於票據提示時一併送交票據交換所。）

付款行社	帳　號	發票人戶名暨負責人姓名

票據種類及號碼	金　額

受　款　人		發票日期
		民國　　年　　月　　日

票據喪失 日期及地點	

謹陳者：本人　簽發／執有　上列票據，現已　遺失／被竊，除申請付款人止付外，相應報請　鈞局協助偵查　侵占遺失物／竊盜　罪嫌，如有偽報情事，本人應負下列法律責任，謹呈

　　市／縣　政府警察局

申報人：

（請詳閱附註說明後，再詳實填寫）　　　　　　　（簽章）

	銀行簽章
	銀行代號　□□□□－□□－□

國民身分證統一編號：□□□□□□□□□□　電話：

公司統一編號（通知人係個人名義者免填）：□□□□□□□□

住址：　縣／市　鄉鎮／市區　村／里　鄰　路(街)　段　巷　弄　號　之　樓

備註：1.申報人依法係指票據權利人。

　　　2.申報人為機關、團體、公司、行號者，除加蓋正式印信或印章外，均請負責人簽章。

附錄：刑法第一百七十一條第一項：未指定犯人，而向該管公務員誣告犯罪者，處一年以下有期徒刑、拘役或三百元以下罰金。

刑法第二百十四條：明知為不實之事項，而使公務員登載於職務上所掌之公文書，足以生損害於公眾或他人者，處三年以下有期徒刑、拘役或五百元以下罰金。

刑法第三百二十條：意圖為自己或第三人不法之所有，而竊取他人之動產者，為竊盜罪，處五年以下有期徒刑、拘役或五百元以下罰金。

刑法第三百三十七條：意圖為自己或第三人不法之所有，而侵占遺失物、漂流物或其他離本人所持有之物者，處五百元以下罰金。

中　華　民　國　　　　年　　　　月　　　　日

遺失票據申報書

正本	票據掛失止付通知書		收文	日期	
				文號	

（本通知書正副本一式三份，本份由付款行社核對內容相符並簽章後存檔備查）

票據種類	帳　號	發票人戶名暨負責人姓名	

票據號碼		金　額	
	新臺幣		

受　款　人		發票日期（或到期日）	
		民國　　年　　月　　日	
票據喪失 經　　過 （應載明日 期及地點）		備　註	

一、茲因喪失上列票據爰特通知掛失止付並願依照票據掛失止付處理規範之有關規定辦理。

二、倘因通知此項票據之掛失止付而發生損害或糾紛時，通知人願擔負一切責任概與貴行無涉。

　　　通知人：　　　　　　　　　　　　　　（簽章）

　　　（請詳閱附註說明
　　　後，再詳實填寫）

出生年月日：　　　　　　　籍貫：　　　　　　職業：

住址：　縣　鄉鎮　村　鄰　　路(街)　段　巷　弄　號　之　樓
　　　　市　市區　里

國民身分證統一編號：□□□□□□□□□□　電話：□□□□□□□□

公司統一編號（通知人係個人名義者免填）：□□□□□□□□

　　　　此　致

	銀行簽章	
	銀行代號	□□□ － □□ － □

　　　銀行　　　分行核轉

臺灣票據交換所

※附註：㈠通知人依法係指票據權利人，若通知人為發票人時，應使用原留印鑑。

　　　　㈡通知人為機關、團體、公司、行號者，除加蓋正式印信或印章外，均請負責人簽章。

　　　　㈢經授權代理辦理止付手續者，請務必以票據權利人名義申報止付。

　　　中　華　民　國　　　　年　　　月　　　日

票據掛失止付通知書

習 題

◎選擇題

（　）1.誠涼涼不小心掉了一張支票，支票上沒有記載票面金額，
　　　　誠涼涼應該：

　　　　(1)為止付通知　　(2)聲請公示催告

　　　　(3)聲請除權判決　(4)以上皆非

（　）2.誠涼涼不小心掉了一張本票，票據上經發票人為「禁止
　　　　背書轉讓」的記載，誠涼涼應該：

　　　　(1)為止付通知　　(2)聲請公示催告

　　　　(3)聲請除權判決　(4)以上皆非

（　）3.誠涼涼遺失一張匯票，經為止付通知後，誠涼涼應在何
　　　　時向付款人提出已為公示催告的證明？

　　　　(1)三日內　(2)五日內　(3)七日內　(4)十五日內

（　）4.伊森簽發一張面額新臺幣 5 萬元的支票給曉紅莓，曉紅
　　　　莓將票據轉讓給誠涼涼，誠涼涼不小心滴到小狗狗的口
　　　　水，把受款人欄的記載弄模糊，該張支票：

　　　　(1)因此無效　(2)仍有效

第七節　票據的消滅時效與利益償還請求權

本節重點

◎票據的消滅時效

權利種類	權利人	票據種類	義務人	時效期間	起算點
付款請求權	執票人	匯　票	承兌人	三　年	自到期日起算
		本　票	發票人		・自到期日起算 ・見票即付本票，自發票日起算
		支　票	發票人	一　年	自發票日起算
追索權	執票人	匯　票	前　手	一　年	・自作成拒絕證書時起算 ・自到期日起算（免拒絕證書者）
		本　票			
		支　票		四個月	自作成拒絕證書時或提示日起算
	背書人	匯　票	前　手	六個月	自為清償或被訴之日起算
		本　票			
		支　票		二個月	

◎利益償還請求權

1.當事人：執票人→發票人或承兌人
2.要件 ┌ 票據上的權利，因罹於時效或手續欠缺而消滅
　　　　└ 發票人或承兌人因此受有利益
3.範圍：發票人或承兌人所受利益

```
┌─────────────────────────────────────────────┐
│              ┌──────────┐                     │
│              │ 本節目標  │                     │
│              └──────────┘                     │
│    1.使讀者了解票據消滅時效的意義、各種票據權利的時效期   │
│  間、起算點，若於他日成為票據執票人時，能把握自身權益。   │
│    2.使讀者了解利益償還請求權的意義、行使要件，以便在票   │
│  據罹於時效或欠缺保全手續時，獲得補救。             │
└─────────────────────────────────────────────┘
```

● 案　例

誠涼涼不慎將其所執有的支票金額，以墨水塗銷，誠涼涼以為該支票已失效，未向支票上記載的金融業者提示付款，一擱就是一年多。

◀ 問　題

一、誠涼涼是否可向支票的發票人行使追索權？

二、誠涼涼有無其他權利可以主張？

■ 說　明

一、誠涼涼是否可向支票的發票人行使追索權？

票據著重迅速流通，其權利應盡快行使，避免權利義務關係長久陷於不明，所以票據法對票據權利人的請求權，設有短期消滅時效，也就是說，票據權利人超過法律規定的期間不行使權利，票據債務人可以把這件事當作理由，拒絕票據權利人的請求。要特別注意的是，權利因時效而消滅，不是指權利因一定時間不行使就不存在了，而是債務人可以以時效消滅作

為理由而拒絕履行債務。若債務人自己不主動提出時效消滅的抗辯，願意履行債務，也是可以的，債務人履行債務後不可以再要求債權人返還票款。

　　票據法第 22 條有關本票的時效規定，第 1 項是對本票發票人付款請求權消滅時效的規定，而第 2 項則是執票人對其前手行使票據上追索權消滅時效的規定。也就是說，第 1 項規範的是「票據上權利」，與第 2 項規範的「追索權」是不同的概念，要特別注意。

　　不同票據有時效期間及起算點（票據法第 22 條第 1 項至第 3 項），說明如下：

1. 執票人對匯票承兌人或對本票、支票發票人的權利

　　執票人對匯票承兌人及本票發票人的權利，自到期日起算，見票即付的本票，自發票日起算，超過三年不行使，將因時效而消滅。執票人對支票發票人的權利，自發票日起算，超過一年不行使，也因時效而消滅。

2. 執票人對前手的追索權

　　匯票、本票的執票人對前手的追索權，自作成拒絕證書日起算，消滅時效期間是一年。支票的執票人，對前手的追索權，消滅時效期間是四個月。免除作成拒絕證書（詳見第二章）時，匯票、本票自到期日起算，支票自提示日起算。

3. 背書人對前手的追索權

　　匯票、本票的背書人，對前手的追索權，自為清償之日或被訴之日起算，是六個月。支票的背書人，對前手的追索權為二個月。所謂清償之日，指背書人因支付票款而取回票據之日；所謂被訴之日，指被追索的前手收到起訴狀繕本之日。

　　我國票據法僅就時效期間設有規定，至於時效中斷、時效不完成的效果、及時效利益不得預先拋棄等，仍應適用民法的規定（民法第 129 條以下）。適用民法規定時，應特別注意：

⑴依民法第 144 條第 2 項規定：「請求權已經時效消滅，債務人仍為履行之給付者，不得以不知時效為理由，請求返還。其以契約承認該債務，或提出擔保者亦同。」

⑵依民法第 129 條第 1 項規定：「消滅時效，因左列事由而中斷：一、請求。二、承認。三、起訴。」執票人對付款人提示，是否視同對發票人的請求而構成時效中斷事由？

實務上曾有不同見解，分別敘述如下：

⑴肯定說：為保障執票人的票據上權利，應認為執票人對付款人提示，構成時效中斷事由，視同對發票人的請求。尤其是在支票，因為支票的票據債務人，並不像一般債務可由債務人直接履行義務，而必須由票據債務人委託金融業者付款，由付款人履行票據債務。實務亦有認為，支票執票人所為的提示，雖已經超過票據法所規定提示期限，但此項提示仍應視為執票人行使請求權的意思通知，具有中斷時效的效力（最高法院 110 年度台上字第 1358 號判決、臺北地方法院 111 年度店簡字第 1295 號判決）。

⑵否定說：其理由為①請求與提示係不同的法律概念，提示指執票人向付款人請求付款的意思表示，並非直接向發票人行使權利；②付款人不是發票人的代理人，無代理發票人受領「請求」此一意思通知的資格；③發票人與付款人間是資金關係，發票人與執票人間是原因關係，二者不可相混（最高法院 70 年台上字第 2604 號判決）。

近期實務採肯定說。

⑶雖民法第 130 條規定：「時效因請求而中斷者，若於請求後六個月內不起訴，視為不中斷。」但票據法的短期時效，有些僅二至四個月，於此種情形，民法第 130 條規定，解釋上應配合票據法的規定予以縮短（最高法院 65 年第 8 次民庭庭推總會決議㈡），惟近期判決似未特別遵循該決議（臺中地方法院 110 年度重訴字第 81 號民事判決、橋頭地方法院 111 年度

訴字第 3 號民事判決）。

票據權利經法院確定判決或和解、調解成立者，依民法第 137 條第 3 項規定，其消滅時效延長為五年。

票據上有多數債務人，若對主債務人的權利（付款請求權）已罹於時效而消滅，但對從債務人之權利（追索權）時效尚未完成時，依目前學說通說見解認為，因票據債務各自獨立，主債務雖已罹於時效而消滅，但債權的目的未獲滿足，償還義務不應跟著消滅，所以執票人仍得繼續行使追索權。

本案中，誠涼涼未在法定的期限內向票據上記載的金融業者為提示，依票據法對票據權利的保全規定（遵期提示＋作成拒絕證書），誠涼涼因為保全手續有所欠缺，而喪失對其他背書人的追索權，雖保全手續的欠缺並不會導致其對支票發票人追索權的喪失（詳見第四章），但自發票日已超過一年，所以誠涼涼對支票發票人的權利，因時效而消滅。

二、誠涼涼有無其他權利可以主張？

㈠利益償還請求權的意義

執票人取得票據時，通常已先支付對價，發票人或承兌人簽發或承兌票據時，通常亦已先取得給付，當執票人因時效或手續欠缺而喪失票據權利，發票人或承兌人即因此免除票據責任，無形中獲得意外的利益，為了避免「將自己的快樂建築在別人的痛苦上」這種不公平的事情發生，所以票據法特別設計利益償還請求權的制度，使執票人有最後的補救機會（票據法第 22 條第 4 項）。

利益償還請求權雖然規定在票據法中，但此權利的發生、行使及消滅，與票據並無不可分離的關係，因此不是票據上的權利，而屬於票據法上的一種特別請求權，此權利的行使，不以提示票據為必要；此權利的讓與，

適用民法的規定（民法第 297 條）；由利益償還請求權人，將其讓與該權利的事實，通知償還義務人，或由受讓人將讓與人所立的讓與字據，提示於償還義務人，方對償還義務人生債權讓與的效力。

針對利益償還請求權的時效期間，有不同見解：

1.適用民法第 125 條為十五年：

票據法對於利益償還請求權的時效期間無明文規定，依實務見解應回歸適用民法第 125 條規定，適用十五年時效期間（最高法院 37 年台上字第 8154 號判例、最高法院 96 年度台上字第 2716 號及 100 年度台上字第 1090 號判決）。

2.類推適用民法第 126 條及第 127 條短期消滅時效規定：

票據法第 22 條第 4 項的利益返還請求權，其發票人受有利益，是因為時效規定而有法律上原因，跟「不當得利」的受益人相比較起來，更應受法律保障。「不當得利」受益人既然可以主張類推適用民法第 126 條、第 127 條所定短期消滅時效期間的規定，則舉輕以明重，利益償還請求權的發票人更應認得主張類推適用民法第 126 條、第 127 條短期消滅時效的規定。不應該以票據法未明文規定「利益償還請求權」為由，直接認定「利益償還請求權」的時效期間一律為十五年（高等法院 94 年法律座談會民事類提案第 1 號）。

近期實務見解為「適用民法第 125 條為十五年」。

雖然從理論上來說，利益償還請求權不是票據權利的一種，權利人主張時只須證明自己是票據上權利消滅當時的實質權利人即可，但為了迅速且有效證明權利存在，最好仍妥為保存票據作為行使利益償還請求權的證據。另外，發票行為並不當然就是得利的行為，執票人仍必須就發票人得利的事實負舉證責任，不能僅憑票據請求償還相當於票面金額的利益（高等法院 106 年度上字第 1130 號判決）。也就是說，票據利益返還請求權人

必須針對發票人是否因發票行為受有利益，及所受利益金額等事實，負舉證責任。

㈡利益償還請求權的當事人

　　利益償還請求權的權利人，是票據權利消滅時的執票人。背書人因受追索而清償票據債務取得票據時，也是執票人，可以行使利益償還請求權。償還義務人僅限發票人或承兌人，不包括背書人。雖背書人轉讓票據時，多自被背書人處受有對價（例如以票據購買貨物），但背書人當初取得票據時，通常也已經付出對價（例如因出賣貨物而取得票據），一出一入，無受益可言，因而票據法將背書人排除在利益償還請求權義務人之外。

㈢利益償還請求權的成立要件

1.票據上的權利，因罹於時效或手續欠缺而消滅

　　執票人所以喪失票據權利，必須是因為未在法定期間內行使或保全票據權利所致。如果是因其他原因而喪失票據權利，例如執票人與發票人是好朋友，執票人見發票人有經濟困難，大方地免除發票人的債務，後來兩人為了追求同一個對象而吵架，此時執票人不得主張利益償還請求權。

2.發票人或承兌人必須受有利益

　　所謂受有利益，指發票人或承兌人因執票人喪失票據權利，而免除票據上債務，實際上受有利益。發票人或承兌人是否受有利益，及其利益範圍如何，應由請求償還利益的權利人負舉證責任，但如果償還義務人並不爭執受有利益一事時，執票人無庸舉證。例如匯票發票人已將資金交給承兌人，而執票人的票據權利因罹於時效而消滅，此時承兌人即受有利益。又例如本票發票人，已因發行票據而取得所購買的商品，但執票人的票據權利因罹於時效而消滅，此時發票人即受有利益。

㈣利益償還請求權的範圍

　　執票人向發票人或承兌人行使利益償還請求權的範圍，以發票人或承

兌人所受利益為限（「通常」是票面金額），至於該利益是否存在，並非所問。例如曉紅莓簽發一張面額新臺幣 1 萬元整的本票，向伊森購買日本夢幻級夕張哈密瓜二顆，伊森因時效而喪失票據權利，此時伊森可向曉紅莓行使利益償還請求權。曉紅莓所受的利益即為日本夢幻級夕張哈密瓜二顆，雖然曉紅莓早已把哈密瓜吃掉，但曉紅莓仍應支付伊森新臺幣 1 萬元。

利益償還請求權的義務人是自執票人為請求時，才負有償還義務，所以也應自請求之日起才加計利息（民法第 233 條）。

本案中，誠涼涼雖因時效而喪失對發票人的追索權，但若支票的發票人因此受有利益，誠涼涼仍得行使利益償還請求權。然而，誠涼涼需要就支票發票人受有利益，及其利益範圍如何，負舉證責任。

習　題

◎選擇題

（　）1.誠涼涼接到一張郝可愛簽發的匯票，誠涼涼自到期日起算，超過多久不行使權利，會喪失對郝可愛的票據上權利？

⑴六個月　⑵一年　⑶二年　⑷三年

（　）2.李敏潤簽發一張本票給曉紅莓，曉紅莓把票據轉讓給童禮心，童禮心又把票據轉讓給美好飾，美好飾向李敏潤請求付款遭拒絕，自作成拒絕證書之日起算，美好飾超過多久不行使權利，會喪失對曉紅莓的追索權？

⑴二個月　⑵四個月　⑶六個月　⑷一年

（　）3.承上題，如果童禮心支付票據金額給美好飾，自支付之日起，經過多久不行使權利，童禮心會喪失對曉紅莓的追索權？

⑴二個月　⑵四個月　⑶六個月　⑷一年

（　）4.承上題，如果美好飾不小心將票據擱著超過四年，美好飾可以向誰行使利益返還請求權？

⑴李敏潤　⑵曉紅莓　⑶童禮心　⑷以上皆可

第二章 匯 票

第一節　匯票的概念及發票

第二節　背　書

第三節　承兌與參加承兌

第四節　保　證

第五節　到期日及付款

第六節　參加付款

第七節　追索權及相關票據文書

第一節　匯票的概念及發票

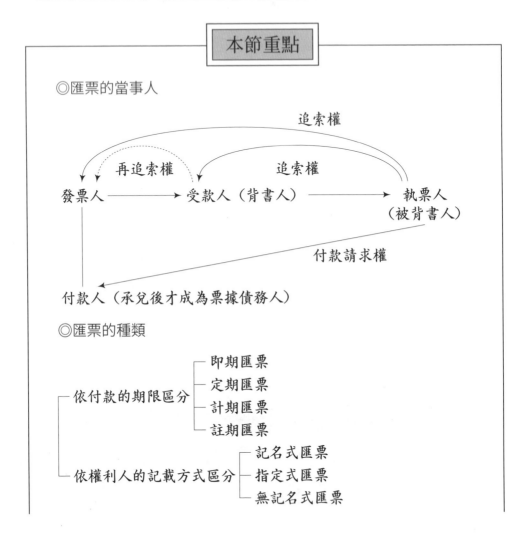

本節重點

◎匯票的當事人

追索權

再追索權　　　　　　追索權

發票人　　────→　受款人（背書人）　────→　執票人
　　　　　　　　　　　　　　　　　　　　　　　　　　（被背書人）

付款請求權

付款人（承兌後才成為票據債務人）

◎匯票的種類

依付款的期限區分
　　├ 即期匯票
　　├ 定期匯票
　　├ 計期匯票
　　└ 註期匯票

依權利人的記載方式區分
　　├ 記名式匯票
　　├ 指定式匯票
　　└ 無記名式匯票

◎匯票的記載事項

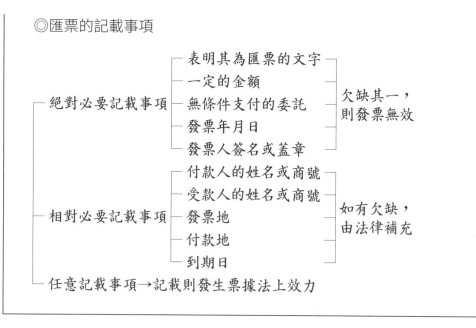

絕對必要記載事項
- 表明其為匯票的文字
- 一定的金額
- 無條件支付的委託
- 發票年月日
- 發票人簽名或蓋章

欠缺其一，則發票無效

相對必要記載事項
- 付款人的姓名或商號
- 受款人的姓名或商號
- 發票地
- 付款地
- 到期日

如有欠缺，由法律補充

任意記載事項→記載則發生票據法上效力

本節目標

1.介紹匯票的種類。票據大致上可以依付款期限及權利人的記載方式作區分，因此熟悉匯票的種類後，對本票、支票的種類，也能觸類旁通。

2.認識不同付款期限的匯票，有助於讀者學習匯票到期日的計算。

3.瞭解匯票的承兌制度。

4.認識不同權利人記載方式的匯票，有助於讀者學習匯票的轉讓方式。

5.透過介紹匯票的各項記載事項，使讀者先對匯票有一初步、概括的了解，重點則置於必要記載事項的相關問題。

案　例

馬格立為了寶貝女兒的畢業典禮，向花花世界商行的老闆花千伊訂購新臺幣 1 萬元的畢業花束，並在民國 112 年 6 月 3 日簽發一張匯票，受款人為花千伊，票據上記載「自發票後六個月支付新臺幣一萬元整」，另載有數字「NT$12,000」，並在票上記載「自發票日至到期日止，依年息六釐計息，倘逾三日未付款，付違約金新臺幣貳萬元整」，馬格立在發票人欄簽上自己的綽號「東北亞酒王」。

問　題

一、馬格立所簽發的匯票屬於何種匯票？

二、馬格立在發票人欄簽自己的綽號「東北亞酒王」，是否發生票據上簽名的效力？又，馬格立所負的發票人責任為新臺幣 1 萬元整，還是新臺幣 1 萬 2 千元整？

三、馬格立在票據上記載違約金，是否會使該匯票因而無效？

說　明

一、馬格立所簽發的匯票屬於何種匯票？

㈠匯票的意義

所謂匯票，指發票人簽發一定的金額，委託付款人在指定的到期日，無條件地將金錢支付給受款人或執票人的票據（票據法第 2 條）。

匯票的主要當事人為：發票人、付款人與受款人。匯票的付款人沒有資格上的限制（不限於金融業者），但發票人在匯票上指定付款人時，該付

款人還不是票據債務人，必須等付款人承兌後，才成為匯票的第一債務人。

(二)匯票的種類

匯票依不同的區分標準，可分為下列幾種：

1.以付款的期限區分

(1)即期匯票

見票後立即付款的匯票，也就是發票人完成發票行為並將匯票交給受款人後，執票人可以隨時持票據向付款人請求付款。這種匯票通常在票據上會記載「見票即付」等字樣。若票據上完全沒記載匯票的到期日，會被當作是即期匯票。

(2)定期匯票

發票人指定將來特定的日期作為到期日，例如「到期日：中華民國一百一十二年六月三日」。

(3)計期匯票

指在匯票上記載自「發票日」起算，經過一定期間後付款的匯票，例如「自發票日後二個月付款」。

(4)註期匯票

指從執票人提示「承兌日」起，經過一定期間後付款的匯票，例如「見票後二個月付款」。

	即期匯票	定期匯票	計期匯票	註期匯票
法條依據	票據法第 65 條第 1 項第(3)款	票據法第 65 條第 1 項第(1)款	票據法第 65 條第 1 項第(2)款	票據法第 65 條第 1 項第(4)款
意義	見票即付	定日付款	發票後定期付款	見票後定期付款
舉例	匯票上記載「見票即付」	匯票上記載：「到期日：中華民國一百一十二年六月十日」	匯票上記載：「自發票日後二個月付款」	匯票上記載：「見票後二個月付款」

2.以權利人的記載方式區分

(1)記名式匯票

指記載受款人的姓名或商號的匯票。此種匯票的轉讓，須以背書及交付的方法為之。

(2)指定式匯票

所謂指定式匯票，除了記載受款人的姓名或商號外，還記載「或其指定人」之類的文字。此種匯票，發票人不得禁止受款人背書轉讓，否則就和受款人欄的記載相矛盾。其轉讓方式，也是以背書及交付的方法為之。

(3)無記名式匯票

指不記載受款人姓名或商號的匯票。此種匯票的轉讓，以交付的方法為之，無須背書。

本案中，就付款期限來說，馬格立所簽發的匯票為發票日後特定日期到期的定期匯票；就權利人的記載來說，馬格立所簽發的匯票是記名匯票。

二、馬格立在發票人欄簽自己的綽號「東北亞酒王」，是否發生票據上簽名的效力？又，馬格利所負的發票人責任為新臺幣 1 萬元整，還是新臺幣 1 萬 2 千元整？

㈠發票的意義

發票，即簽發票據的簡稱，包括「填寫票據」及「交付票據」兩個基本行為。前者是指填寫票據應記載事項或任意記載事項，後者指將票據交付給受款人。

㈡匯票的記載事項

1.絕對必要記載事項

(1)表明其為匯票的文字（票據法第 24 條第 1 項第(1)款）

必須清楚顯示該票據為匯票，以便與其他種類的票據相區別。但不以

「匯票」二字為限，如果記載「匯兌券」、「匯兌」等相同意義的文字，也是可以。

⑵**一定的金額（票據法第 24 條第 1 項第⑵款）**

票據上的金額必須確定，且不得改寫（票據法第 11 條第 3 項）。票據上的金額同時以文字及阿拉伯數字表示時，如果文字與阿拉伯數字不符時，以文字為準（票據法第 7 條）。以阿拉伯數字代替文字記載，並經使用機械辦法防止塗銷時，該阿拉伯數字視同文字記載（票據法施行細則第 3 條）。

⑶**無條件支付的委託（票據法第 24 條第 1 項第⑸款）**

為了使票據迅速流通，發票人委託付款人支付票據金額時，不可以附加任何條件，否則該票據視為無效。一般多以「憑票支付」或「祈付」等文字表示。

⑷**發票年月日（票據法第 24 條第 1 項第⑺款）**

由發票年月日，可以確定執票人的提示期限、到期日、利息的起算日等，所以匯票上一定要記載發票年月日。

⑸**發票人簽名或蓋章（票據法第 24 條第 1 項）**

表示發票人對其所簽發的票據負責。關於發票人的簽名，分為下列數點討論：

①不能以指印或記號代替簽章。今日社會教育普及，不會簽自己名字的人很少見，況且可以用蓋章代替簽名，所以沒有再以指印或記號代替簽名的必要，因此發票人的簽名不適用民法第 3 條規定（最高法院 85 年度台上字第 481 號判決、最高法院 91 年度台上字第 1736 號判決）。

②簽名不以戶籍登記的姓名為必要，也不限於簽全名。只要能表明簽名者是本人，該簽名就是有效，發票人就必須負票據責任。若是簽發票人的字或號，或雅號、藝名，也是可以（最高法院 64 年第 5 次民庭決議、最高法院 71 年台上字第 4416 號判決）。

但目前金融實務，依財政部監督銀錢業者存款戶使用本名及行使支票辦法第 2 條規定，銀錢行莊在存款戶開戶時，應要求存戶將真實姓名、職業及詳細地址在開戶申請書內填明，如果是商號存款，應填明負責人姓名及地址。因開戶必須使用本名，所以簽發以金融業者為付款人的票據時，也應用本名，否則金融業者拒絕受理（非票據無效，發票人仍負票據責任）。

③票據上簽名可以用蓋章替代（票據法第 6 條）。例如支票存戶（發票人）除出具支票存款往來約定書外，並應繳交印鑑卡，其簽蓋於支票上的印章，必須與留存在付款行庫的印鑑相符，否則付款行庫可以依其與發票人間的支票契約，以簽章不符為由，拒絕付款，但若支票上的印章確實是發票人所蓋，發票人仍不能免除票據責任。

④票據法並未就印章的形式及材質作規定，但各金融機關可能有不同的規定。一般來說若字體容易變型的材質（例如橡皮章），往往不被金融機關接受。縱使印章不被金融機關承認，若印章確實是發票人所蓋，發票人仍負票據責任。

⑤發票人主張印章遭他人盜用時，由發票人負舉證責任；若發票人主張印章係他人所盜刻時，則由執票人就印章的真正負舉證責任。

⑥發票人如果是合夥事業時，本應由全體合夥人在票上簽名，但習慣上，凡由具有代表權的合夥人，在票據上載明代表的意思並簽名，即可認為合法有效（最高法院 109 年度台上字第 1779 號判決）。

⑦獨資經營的商號，在營業上是營業主體，以商號表彰，所以最高法院判決認為，票據上只有商號印章就可以，不需再有負責人或經理人的簽章（最高法院 106 年度台上字第 304 號判決），但獨資商號無權利能力，票據責任仍應由商號負責人負擔。

2.相對必要記載事項

⑴付款人的姓名或商號

受發票人委託而支付票據金額的人，稱為付款人。匯票未記載付款人時，以發票人為付款人（票據法第 24 條第 3 項）。匯票付款人不限一人，發票人可以記載多位付款人。茲將可能的記載方式及其效力說明如下：

①選擇的記載：例如「付款人 A 或 B」，執票人可向 A、B 中的任何一人請求承兌或付款。

②順次的記載：例如「先向 A 後向 B」，此時 B 是預備付款人。

③重疊的記載：例如「付款人 A 及 B」，此時 A、B 究應負連帶責任或各自獨立負責，學者有不同見解，倘 A、B 都就匯票為承兌時，多數學者認為應各自獨立負責。

⑵受款人的姓名或商號

未記載受款人時，以執票人為受款人（票據法第 24 條第 4 項）。

⑶發票地

即發票人簽發匯票的縣市，如臺北市、新竹縣，如果未記載發票地，則以發票人的營業所、住所、或居所所在地為發票地（票據法第 24 條第 5 項）。

⑷付款地

指應該支付匯票金額的縣市。依照民事訴訟法的規定，如果發生票據訴訟時，由票據付款地的法院處理（民事訴訟法第 13 條），所以付款地是必要記載事項之一。如果未記載付款地，則以付款人的營業所、住所或居所所在地作為付款地（票據法第 24 條第 6 項）。

⑸到期日

指執票人可以行使付款請求權、付款人有義務付款之日。未記載到期日，則視為見票即付的匯票（票據法第 24 條第 2 項）。

3.任意記載事項

⑴擔當付款人

擔當付款人是代理付款人為實際付款的人,僅是為了實際付款的便利,所以擔當付款人並不是票據債務人。發票人或付款人,都可以指定付款人以外的第三人,代替付款人實際付款。例如發票人可以在付款人以外,記載一人作為擔當付款人(票據法第 26 條第 1 項);付款人在承兌時,也可以指定擔當付款人(票據法第 49 條第 1 項)。此外,擔當付款人如果是由發票人指定,付款人在承兌時可以塗銷或變更(票據法第 49 條第 2 項)。匯票記載擔當付款人時,執票人應向擔當付款人(而非付款人)為付款的提示(票據法第 69 條第 2 項)。

⑵預備付款人

指發票人或背書人,指定付款人以外且居住在付款地的特定人,在付款人拒絕承兌或付款時,為參加承兌或參加付款(票據法第 26 條第 2 項、第 35 條)。發票人或背書人記載預備付款人時,如在記載時該預備付款人並非住居在票據付款地,實務見解認為該記載不生票據上效力,因票據法第 26 條及第 35 條均為強制性規定,其立法是在謀求執票人的便利,如有違反,自不生票據上效力。倘於記載時,該預備付款人並不住在票據付款地,嗣後才搬至該地,也不能使該記載變更為有效(71 年 3 月司法業務研究會第一期)。

以下表格為擔當付款人與預備付款人之比較:

	擔當付款人	預備付款人
目的	「代理」付款人為付款;目的在追求便利	目的是避免追索權的行使
性質	僅代理為付款行為,不負擔票據債務,不會成為票據債務人	①「參加承兌」時,成為票據債務人 ②「參加付款」時,則非票據

		債務人
誰可以指定	發票人、付款人（限於承兌時）	發票人、背書人
被指定人住所的限制	不限於居住在付款地	限於居住在付款地
適用範圍	匯票、本票	匯票（只有匯票才有參加承兌及參加付款）

⑶付款處所

指特定的付款地點，如臺北市復興北路 386 號 1 樓。票據上記載付款處所時，執票人須在該處所行使或保全票據權利（票據法第 20 條、27 條、50 條）。

⑷利息與利率

匯票是信用證券的一種，從發票到實際付款，通常經過好幾個月，所以發票人可以記載利息及利率（票據法第 28 條第 1 項）。如果只記載利息，沒有記載利率時，則以每年 6% 的法定利率計算（票據法第 28 條第 2 項）。除非當事人有特別約定，否則利息從發票日開始計算（票據法第 28 條第 3 項）。

⑸免除擔保承兌特約的記載

發票人原則上應就其所簽發的匯票負起擔保承兌的責任，在例外時可以特約並載明在票據上而免除這項責任。理由在於匯票上雖記載付款人，但發票人不一定事先與付款人商量過，為了避免付款人拒絕承兌後，發生執票人提早行使追索權的情形，發票人可以在匯票上記載「免除擔保承兌」等文字。此一記載表示縱使付款人拒絕承兌，執票人也不可以向發票人提前行使追索權（票據法第 29 條第 1、2 項）。但應注意，若記載文字是免除「擔保付款」，該記載無效（票據法第 29 條第 3 項）。

⑹禁止背書轉讓

除了指定式匯票外，記名匯票的發票人可以在匯票上記載「禁止背書轉讓」，以禁止票據流通。需注意的是，實務見解認為只有記載受款人（俗稱抬頭人）的票據，發票人才可以記載「禁止背書轉讓」。因為依據票據法第 30 條第 2 項規定：「記名匯票發票人有禁止轉讓之記載者：不得轉讓……。」所以只有記名票據才有禁止轉讓的問題；無記名票據則不適用前述限制規定。而在無記名票據，縱使發票人在票據正面為禁止背書轉讓的記載，該記載不生效力，付款銀行仍可付款。（中央銀行業務局 69 年 9 月 13 日臺央業字第 1202 號函，台灣票據交換所票據交換業務及票據信用管理補充規定之第四篇禁止背書轉讓、高等法院 104 年度上字第 258 號判決）。

⑺承兌的期限或期日

除見票即付的匯票外，發票人或背書人可以要求執票人一定要請求承兌，並指定承兌的期限。發票人也可以要求執票人在一定日期前不可以請求承兌（票據法第 44 條第 1、2 項）。

⑻承兌或付款提示期限縮短或延長的記載

見票後定期付款的匯票，票據法定有一定的承兌期限，但發票人可以縮短或延長該期限（票據法第 45 條）。

⑼免除作成拒絕證書的記載

發票人或背書人可以免除執票人作成拒絕證書的義務（票據法第 94 條第 1 項）。

⑽指定應給付金額的記載

如果票面金額的貨幣，在付款地不通用時，可以依照付款當天的貨幣兌換率，以付款地通用的貨幣支付，但發票人可以指定應給付的金額（票據法第 75 條第 1 項）。例如票面金額為新臺幣 5 百萬元，付款地在美國紐

約市，付款人可按照付款當天新臺幣與美金的兌換率以美金支付，發票人也可以直接指定支付多少美金。

⑾**免除通知的記載（票據法第 90 條，詳見本章第七節）**

⑿**不得發行回頭匯票的記載（票據法第 102 條第 1 項但書，詳見本章第七節）**

㈢**發票的效力**

發票人完成發票行為後，負有擔保承兌及擔保付款的責任（票據法第 29 條第 1 項）。所謂擔保承兌的責任，指將來付款人如果拒絕承兌，執票人可以向發票人行使追索權；而擔保付款的責任，指將來承兌人（或付款人）如果拒絕付款，執票人可向發票人行使追索權（票據法第 85 條）。

本案中，馬格立雖在發票人欄簽上自己的綽號「東北亞酒王」，但只要能表明是馬格立本人所簽，就發生票據法上效力，馬格立應負起發票人責任。又，馬格立同時以文字及數字表示票面金額，當文字及數字不相符時，依票據法第 7 條規定，應以文字為準，故馬格立所負的發票人責任為新臺幣 1 萬元。

三、馬格立在票據上記載違約金，是否會使該匯票因而無效？

依票據法第 12 條規定：「票據上記載本法所不規定之事項者，不生票據上效力。」故馬格立在匯票上記載違約金不發生票據法上效力。且該記載對票據的流通及交易安全沒有重大影響，不會使該匯票因此無效，只是就違約金部分另行適用民法規定。

習　題

◎選擇題

（　） 1.曉紅莓想要簽發一張匯票，下列那一個事項不必記載在
票據上？

(1)一定的金額　(2)發票年月日　(3)到期日

(4)以上皆是　　(5)以上皆非

（　） 2.曉紅莓想要簽發一張無記名匯票，下列那一事項不可記
載在匯票上？

(1)禁止背書轉讓　(2)預備付款人

(3)利息與利率　　(4)以上皆非

（　） 3.曉紅莓簽發一張匯票給伊森，可是忘記在票據上記載付
款人，伊森又把票據轉讓給喬安娜，這張票據應以誰當
付款人？

(1)曉紅莓　(2)伊森　(3)喬安娜　(4)以上皆非

（　） 4.曉紅莓收到一張匯票，匯票的上面記載著「新臺幣伍拾
萬元整」、「NT$5,000,000」，曉紅莓可以領到多少錢？

(1) 50 萬元　　　(2) 500 萬元

(3)付款人決定　(4) 0 元，因為該張匯票無效

（　） 5.曉紅莓簽發一張匯票給伊森，票據上記載「如果伊森上
課遲到則不付款」，該記載的效力如何？

(1)該記載有效　　　　　　　(2)視為無記載

(3)只有伊森遲到，票據才會無效　(4)該票據無效

（　） 6.在匯票上，下列何項記載，將不會導致票據無效？

(1)發票人委託付款人支付時，記載付款條件

(2)發票人記載免除擔保付款的責任

(3)發票人同時記載票據金額為新臺幣 30 萬元或 30 萬 1
千元整

(4)發票人記載受款人為甲或其指定之人

第二節 背 書

本節重點

◎背書的意義

— 背書以發票行為存在為前提
— 背書須就票面金額的全部為之
— 背書不得附條件

◎背書的種類（依背書的目的區分）

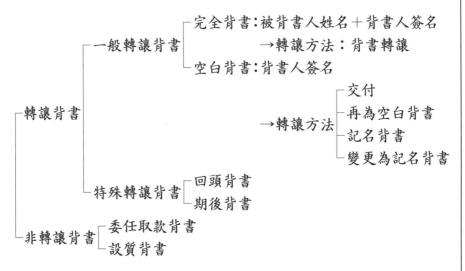

```
                              ┌ 完全背書:被背書人姓名＋背書人簽名
               ┌ 一般轉讓背書 ┤        →轉讓方法：背書轉讓
               │              └ 空白背書:背書人簽名
                                                    ┌ 交付
        ┌ 轉讓背書                        →轉讓方法 ┤ 再為空白背書
        │                                           │ 記名背書
        │                                           └ 變更為記名背書
        │      ┌ 特殊轉讓背書 ┬ 回頭背書
        │      └              └ 期後背書
        └ 非轉讓背書 ┬ 委任取款背書
                     └ 設質背書
```

◎禁止轉讓背書的記載

— 由發票人記載：票據喪失流通性
— 由背書人記載：背書人對禁止後取得票據者，不負責任

◎背書連續

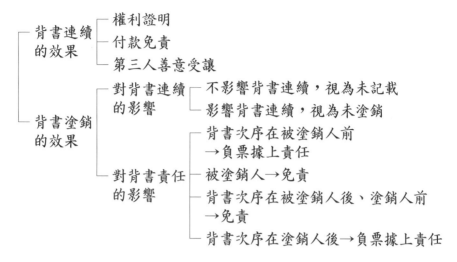

* 依票據法第 124 條及第 144 條的規定，本票及支票的背書，除性質不同的部分外，準用匯票背書的規定。

本節目標

　　1.票據著重流通性，「票據權利的讓與」是票據法的核心概念之一。不同種類的背書，其法律效果均不同；且背書的連續與否，影響執票人的權利。

　　2.本節旨在使讀者了解：

　　(1)讓與票據權利的種類與方法。此部分的重點置於一般轉讓背書的記載方式，及不同種類背書的法律效果。

　　(2)禁止背書轉讓的記載。此部分的重點置於違反禁止背書轉讓記載而為轉讓的效果。

　　(3)背書連續。此部分的重點置於如何判斷背書是否連續，及塗銷背書對背書人責任的影響。

案　例

　　郝艾嬪簽發一張匯票給朱砂智，金額為新臺幣 10 萬元整，到期日為民國 112 年 4 月 16 日，朱砂智深怕郝艾嬪屆時無法清償，於是叫郝艾嬪想辦法，讓這張匯票多一層保障。郝艾嬪於是將受款人欄填上自己哥哥郝梧辜的名字，再由郝梧辜背書給朱砂智，以多一重保障。朱砂智將該票據背書給誠涼涼，並在票據上註明「如誠涼涼未按時交貨，則背書不生效力」及「禁止背書轉讓」，誠涼涼後來發現票據上有自己哥哥高中好友「郝梧辜」的名字，於是把郝梧辜的背書塗掉，並在民國 112 年 6 月 1 日將該匯票背書轉讓給曉紅莓。

問　題

一、朱砂智在背書時註明「如誠涼涼未按時交貨，則背書不生效力」，該記載的效力如何？

二、朱砂智可否不在票據背面簽名，而直接將票據交給誠涼涼？

三、曉紅莓有無取得票據權利？

四、誠涼涼把郝梧辜的背書塗掉，會產生什麼效果？

說　明

一、朱砂智在背書時註明「如誠涼涼未按時交貨，則背書不生效力」，該記載的效力如何？

　　所謂背書，指執票人為了達到移轉票據權利或其他目的，依票據法規定的方式，將票據交付給他人的行為。票據為流通證券，其轉讓方法與一

般債權讓與不同，一般債權讓與，以通知債務人為必要，而票據權利的轉讓，則不必踐行此一程序。背書有移轉票據權利的效力，但所移轉者，僅限於票據本身的權利，如因票據債務而設定的擔保物權，並不當然隨同移轉。

1.背書是附屬票據行為的一種，必須先有基本票據行為（發票），才可為背書行為。如果基本票據行為因記載事項不符票據法規定而無效（形式無效），則背書行為亦無效。但背書亦有其獨立性，如果票據已具備形式上要件，發票行為縱屬偽造或發票人為無行為能力人，背書人仍負票據責任。

2.為了避免票據關係過於複雜，票據法特別規定背書必須就票據金額的全部為之，如果將票據金額的一部讓與他人（例如票據金額為新臺幣 30 萬元，執票人只背書轉讓新臺幣 10 萬元，剩下新臺幣 20 萬元自己保留），或將票據金額分別讓與數人（例如票據金額為新臺幣 30 萬元，執票人分別背書轉讓給甲、乙、丙三人，每人各轉讓新臺幣 10 萬元），該背書不生效力（票據法第 36 條前段）。

3.為了使票據能迅速流通，背書不得附加條件。如果背書附加條件，該條件視為無記載（票據法第 36 條後段）。背書人於背書時，背書圖章內註明「請領租金專用」，背書人是否負背書責任？最高法院 57 年 8 月 13 日民刑庭總會決議認為，支票背書內加註「請領租金專用」等其他字樣，固然不是票據法第 36 條所稱的背書附條件，但依票據法第 12 條規定，應認係票據法規定以外的記載，僅該項文字不生票據上效力。受款人既已簽章背書，即應負背書責任。但最高法院 66 年 11 月 15 日民庭庭推總會決議，針對前述決議作一補充，如果背書時所蓋圖章本身刻明專用於某種用途（例如收件章）的字樣，而與票據權利義務毫無關係時，則所蓋圖章，難以認為是票據法第 6 條所規定，為票據行為而代票據上簽名的蓋章，也就不能適用票據法第 12 條（高等法院 91 年度上易字第 940 號判決、高等法院臺中分院 104 年度非抗字第 298 號裁定）。

本案中，朱砂智在背書時註明「如誠涼涼未按時交貨，則背書不生效力」，為附條件的背書，為了不影響票據的流通性，依票據法第 36 條後段規定，該條件視為無記載，縱使誠涼涼未按時交貨，朱砂智的背書仍是有效的背書。

二、朱砂智可否不在票據背面簽名，而直接將票據交給誠涼涼？

背書依其是否為了移轉票據權利所為，可分為轉讓背書與非轉讓背書。而轉讓背書依其有無特殊情形（如背書人特殊、背書時期特殊），又可分為一般轉讓背書及特殊轉讓背書。票據不論記名與否，也不論是否曾有完全背書或空白背書，都可以完全背書或空白背書轉讓；而交付轉讓僅限於無記名票據或曾經有過空白背書的票據才可以。

背書對於記名票據而言，是完成票據流通轉讓的必要要件；然而對於無記名票據而言，則為增強票據信用、確定票據關係人票據責任的手段而已。

一般轉讓背書的轉讓方法有二種，完全背書與空白背書：

㈠完全背書（又稱為記名背書、正式背書）

指背書人在匯票背面或黏單上，記載權利受讓人（即被背書人）的姓名，並由背書人簽名的背書（票據法第 31 條第 2 項）。至於背書的日期，並非絕對必要記載事項，即使未記載，該背書仍然有效（票據法第 31 條第 4 項）。倘背書日期在發票日期之前，實務認為背書日期並非現行票據法上背書應記載事項，故此時將背書日期視為無記載（最高法院 67 年台上字第 606 號判決）。票據背後常有印好的「背書欄」，若當事人不依背書欄的順序背書，但有背書日期可證明其背書連續者，付款人應予付款；若背書日期不齊全，致付款人無法確信背書連續時，付款人為避免意外，最好拒絕付款，因為依票據法第 71 條第 1 項規定，付款人對於背書不連續的匯票付

款者,應自負其責。

完全背書,由於載有被背書人的姓名,因此被背書人再移轉權利給他人時,須再為背書(完全背書或空白背書均可),不可直接以交付的方式,將票據權利移轉給他人,否則將造成背書不連續(關於背書不連續的效果,詳見問題四的說明)。完全背書的記載方式如下:

例一:

被背書人	背書人	年月日(可不記載)
朱砂智	(原受款人)郝梧辜簽章	112 年 6 月 1 日
誠涼涼	朱砂智簽章	112 年 7 月 10 日

例二:

票面金額讓與	
朱砂智先生(被背書人)	民國一百一十二年六月一日
	(背書人,原受款人)郝梧辜簽章
票面金額讓與	
誠涼涼先生(被背書人)	民國一百一十二年七月十日
	(背書人)朱砂智簽章

(二)空白背書(又稱為無記名背書、略式背書)

指背書人為背書時,僅在票據背面或黏單上自行簽名,而不記載被背書人的姓名(票據法第 31 條第 3 項)。至於背書的年月日,亦不是絕對必要記載事項(票據法第 31 條第 4 項)。空白背書的記載方式如下:

例一:

被背書人	背書人	年月日(可不記載)
(空白)	(原受款人)郝梧辜簽章	112 年 6 月 1 日
(空白)	朱砂智簽章	112 年 7 月 10 日

例二：

```
        票面金額讓與
  先生（被背書人）            民國一百一十二年六月一日
                          （背書人，原受款人）郝梧辜簽章

        票面金額讓與
  先生（被背書人）            民國一百一十二年七月十日
                          （背書人）朱砂智簽章
```

空白背書的執票人，可以依下列四種方法之一，將票據權利再移轉給他人：

1. 交付轉讓

執票人可以一個字都不寫（也不簽名），直接把票據交給受讓人（票據法第 32 條第 1 項）。這種轉讓方式的優點在於：執票人沒有在票據上簽名，所以不必負任何票據責任（即將來不受追索）；而且沒有記載被背書人的姓名，所以不發生背書不連續的問題。

2. 再為空白背書轉讓

空白背書的執票人以前述方式轉讓票據，雖然對執票人很有利，但相對地，受讓人就少了一層權利保障，所以在實際交易中，受讓人往往請求讓與人在背書人欄簽章，而不載明被背書人的姓名，此即以「再為空白背書的方式轉讓」（票據法第 32 條第 2 項）。

3. 依記名背書轉讓

即空白背書的執票人，在讓與票據時，不但在背書欄上簽上自己的姓名，也在被背書人欄上寫上受讓人的姓名，然後交付票據給受讓人（票據法第 32 第 2 項）。

4. 變更空白背書為記名背書再轉讓

匯票最後的背書為空白背書時，執票人可以在空白內記載自己或他人

為被背書人，變更為記名背書，再為轉讓（票據法第 33 條）。詳細說明如下：

⑴在空白內記載自己（執票人）為被背書人再為轉讓

即把執票人的姓名，記載在空白背書的被背書人欄，使原來的空白背書變為完全背書，再為轉讓。由於原來的背書已變成完全背書，因此執票人必須以背書方式（空白背書或完全背書均可）轉讓權利，而不可僅以交付的方式轉讓權利。例如郝梧辜將票據空白背書給朱砂智，朱砂智以此種方式將票據再轉讓給誠涼涼：

被背書人	背書人
	郝梧辜簽章

↓

被背書人	背書人
朱砂智	郝梧辜簽章
	朱砂智簽章

⑵在空白內記載他人（受讓人）為被背書人再為轉讓

即把受讓人的姓名，記載在空白背書的被背書人欄，使原來的空白背書變為完全背書，然後將票據交付給受讓人。由於此時執票人沒有在票據上簽名，所以執票人不負任何票據責任。例如郝梧辜將票據空白背書給朱砂智，朱砂智以此種方式將票據轉讓給誠涼涼：

被背書人	背書人
	郝梧辜簽章

↓

被背書人	背書人
誠涼涼	郝梧辜簽章

本案中，朱砂智可否僅以交付的方式，將票據權利移轉給誠涼涼，須視郝梧辜以何種方式將票據背書給朱砂智，如果郝梧辜是以完全背書的方

式，將票據轉讓給朱砂智，則朱砂智也必須用背書的方式將票據轉讓給誠涼涼，如果郝梧辜是以空白背書的方式，將票據轉讓給朱砂智，則朱砂智可直接以交付的方式，將票據轉讓給誠涼涼。

三、曉紅莓有無取得票據權利？

㈠特殊轉讓背書

談完一般轉讓背書後，接下來談其他種類的背書（特種背書）。轉讓背書除一般轉讓背書外，還有特殊轉讓背書，其主要類型有二：

1.回頭背書（又稱還原背書或逆背書）

⑴回頭背書的定義

以票據債務人為被背書人所為的背書，稱為回頭背書（票據法第 34 條第 1 項）。一般轉讓背書是以票據債務人以外的第三人為被背書人，而回頭背書則是以已在票據上簽名的人為被背書人，例如發票人、承兌人、參加人、保證人、或執票人的前手等。實務認為票據是否構成回頭背書，以背書外觀記載的形式認定為準；如果形式上不是回頭背書，縱使實質上是，也不構成回頭背書。最高法院 77 年度第 7 次民事庭會議決議㈡曾就下列問題作出決議：甲簽發無記名票據一紙，交付給乙，經乙為空白背書後返還於甲，再由甲持該票據向丙借款。之後執票人丙提示票據未取得付款，丙對於背書人乙得否行使追索權？該決議認為，票據為文義證券（要式證券），不允許債務人以其他證明方法變更或補充其文義。乙僅在支票上為空白背書，也就是未記載發票人甲為被背書人，就不能稱為回頭背書，所以執票人丙對於背書人乙可以行使追索權（最高法院 72 年度台上字第 3408 判決、最高法院 89 年度台上字第 1307 號判決）。

⑵回頭背書為民法關於債權債務抵銷的特別規定

匯票的票據債務人，因回頭背書受讓票據時，債權債務屬於同一人，

依民法第 344 條規定：「債權與其債務同歸一人時，債之關係消滅。但其債權為他人權利之標的或法律另有規定者，不在此限。」票據的債權債務應消滅。但票據法為保護票據的流通性，在票據法第 34 條第 2 項另設規定，允許受讓人在票據到期日以前，將匯票再轉讓給他人，但到期日後則不得再為背書轉讓（最高法院 105 年度台簡上字第 34 號判決）。

⑶回頭背書的效力

回頭背書的效力，因受讓人的身分不同，而有不同：

①受讓人為發票人

回頭背書票據的受讓人為發票人時，該受讓人對前手沒有追索權，避免重複追索（票據法第 99 條第 1 項）。例如曉紅莓簽發匯票給戴娜，戴娜背書給喬安娜，喬安娜又背書給曉紅莓，此時曉紅莓對戴娜、喬安娜二人沒有追索權。但匯票承兌人所負的責任是付款義務，不是被追索義務，所以曉紅莓仍然可以對承兌人行使付款請求權。

②受讓人為背書人

回頭背書票據的受讓人為背書人，該受讓人對該背書的後手沒有追索權（票據法第 99 條第 2 項）。例如曉紅莓簽發匯票給戴娜，戴娜背書給喬安娜，喬安娜背書給路娜，路娜又背書給戴娜，此時戴娜對喬安娜沒有追索權。

③受讓人為付款人

回頭背書匯票的受讓人為付款人，且付款人是在「承兌前」受讓匯票時，對其前手有追索權，稱為「準回頭背書」；但如果付款人是在「承兌後」才受讓票據，此時付款人已因承兌而成為票據債務人，所以對任何人都沒有追索權。

④受讓人為預備付款人

回頭背書的受讓人為預備付款人時，由於尚未成為票據債務人，因此

對前手仍享有追索權。

　　⑤受讓人為保證人或參加承兌人

　　回頭背書的受讓人為保證人或參加承兌人時,除向被保證人或被參加承兌人追索外,還可向被保證人或被參加承兌人的前手及發票人行使追索權。

　　⑥執票人為票據債務人以外的第三人,該第三人對回頭背書的被背書人的前手有無追索權?

　　此時,涉及票據法第 99 條所稱「無追索權」的意義。例如 A 簽發一張匯票給 B,B 背書給 C,C 背書給 D,D 又背書給 A,A 再背書給 E,此時 E 對 B、C、D 三人有無追索權?關於此一問題,學說及實務見解均無一致見:

　　採否定說認為,當發票人為被背書人時,依票據法第 99 條對於其前手無追索權,所以發票人再以此項票據轉讓給他人,除該發票人無可免責外,先前的各背書人,並無票據責任。也就是說,E 除了向 A 請求給付外,不得對 B、C、D 行使追索權(最高法院 76 年台上字第 964 號判決)。

　　肯定說認為,票據法第 99 條「無追索權」應解釋為「不得行使追索權」,而非真正沒有追索權,其理由有三:其一,回頭背書是「避免循環求償」及「鼓勵票據流通」所設計的制度,第三人 (E) 並非票據債務人,沒有循環求償的問題;其二,為保護第三人的利益,加強背書擔保的效力,以促進票據的流通,第三人對回頭背書的前手應不喪失追索權;其三,就有無混同規定的適用而言,基於保護票據流通的目的,票據法第 34 條第 2 項為民法第 344 條的特別規定,例外排除混同規定適用。綜上,票據法第 99 條僅在發票人或背書人以執票人地位,欲行使追索權時,才有適用,若是發票人或背書人再將該票據讓與他人,該他人並非本條適用的對象。採肯定說的判決例如高雄地方法院 89 年度簡上字第 305 號民事判決。

從法律制度設計目的考量，肯定說的見解，顯較可採。

2.期後背書

在票據到期日後所為的背書，稱為期後背書。如果背書未載明日期，推定該背書是在到期日前所為（票據法第41條第2項）。為了限制到期日後票據的流通性，所以票據法特別規定，期後背書不生票據法上背書的效力，只生債權讓與的效力，詳細說明如下：

⑴期後背書的背書人，不必負擔保承兌及擔保付款的責任。

⑵票據債務人對背書人所主張的抗辯事由，都可以向受讓人主張，換句話說，期後背書的被背書人，不受善意受讓的保護。

期後背書的規範目的，是在限制到期日後票據的流通性，並不是剝奪期後背書的被背書人的票據權利。也就是說，被背書人僅不受善意取得的保護，票據債務人對於各該期後背書人所可主張的抗辯，都可對抗期後背書的被背書人或持票人。但期後背書的被背書人仍然可以行使付款請求權，並且，除了期後背書的背書人外，被背書人仍得向其他前手行使追索權，發票人也不能以期後背書作為理由免除票據責任。

㈡非轉讓背書

基於轉讓票據權利以外的原因所為的背書，稱為非轉讓背書，非轉讓背書主要有二種：

1.委任取款背書（又稱為委任背書）

執票人以委託他人取款為目的所為的背書，稱為委任取款背書。依票據法的規定，執票人以委任取款的目的，而為背書時，應將此一目的記載在匯票上（票據法第40條第1項）。舉例說明其格式：

```
票面金額委託    席蒙代收    民國一百一十二年六月二十日
                           （委任人）伊森簽章
```

　　委任取款的被背書人相當於背書人的代理人，可以行使一切匯票上的權利（票據法第 40 條第 2 項前段）。受委任人不可以再為一般轉讓背書，但可以為委任取款背書，以完成委任取款的目的（票據法第 40 條第 2 項後段），此時，再委任取款背書的被背書人所得行使的權利，與第一被背書人相同。既然被背書人的身分相當於背書人的代理人，則票據債務人可以向背書人主張的抗辯事由，都可以對被背書人主張（票據法第 40 條第 3 項）。例如路瑟簽發匯票給伊森作為貨款，伊森將該匯票委任背書給席蒙，後來路瑟與伊森解除買賣契約，席蒙向路瑟行使追索權時，路瑟可以主張買賣契約已解除，拒絕付款給席蒙。

　　由於委任取款背書不是移轉票據權利，只發生授與代理權的效力，所以票據權利仍屬背書人所有。但如果票據上並無委任取款的記載（學者稱為「隱存委任取款背書」），則委任取款的合意，僅是直接當事人之間相對抗辯事由。換句話說，背書人對於票據的善意取得人，仍應負轉讓背書的責任。例如背書人 A 為取款目的，將票據背書給 B，但票據上並無委任取款的記載，之後 B 將票據背書轉讓給善意的 C，則 A 仍應對 C 負移轉票據的責任。

2.設質背書

　　執票人以設定證券質權為目的所為的背書，稱為設質背書，此種背書只能使被背書人取得質權人的地位，與一般轉讓背書的效力不同。須具有流通性的票據才能設定質權，如果票據已由發票人為禁止背書轉讓的記載，則不得設定質權。票據法就票據設質背書並無規定，於票據上背書時，如記載「設質文句」，依票據法第 12 條規定，應不生票據法上效力，僅有民法上設定權利質權的效力。也就是說，此種背書僅能使被背書人取得質權，而不能移轉票據權利。票據設定質權的方式如下：

　　(1)如果票據為無記名票據或空白背書票據，執票人可以直接將票據交

付給質權人，不必為設質背書（民法第 902 條）。

(2)如果票據是記名票據或記名背書票據，則應以背書的方式，記載設定質權意思的字句後，由執票人簽名，並將票據交給質權人（被背書人）（民法第 902 條、第 908 條）。舉例說明如下：

茲將票面金額設定質權予

伊森先生　　　　　　　　　民國一百一十二年六月二十日

　　　　　　　　　　　　　　　（出質人）席蒙簽章

(三)禁止轉讓背書

為了避免票據關係太過複雜，或保留對受讓人的抗辯權，發票人或背書人可以在票據上記載「禁止背書轉讓」，以限制票據的流通。但禁止轉讓的記載，因其記載人的不同，而有不同的效力：

1.由發票人記載

記名匯票的發票人，為禁止轉讓的記載時，該匯票不得轉讓（票據法第 30 條第 2 項）。即使受款人違反記載而為轉讓，也不發生票據背書轉讓的效力，而只有一般債權讓與的效力。

禁止轉讓的記載並沒有一定的方式，只要將禁止轉讓的意思明白表示即可。原則上應記載在票據的正面，如果記載在票據的背面，應在該記載旁簽章，以確定該記載是發票人所為。

2.由背書人記載

背書人在匯票上記載禁止背書轉讓時，被背書人仍然可將匯票以背書方式轉讓給他人，但為禁止記載的背書人，對於禁止後再以背書取得票據的人，不負責任（票據法第 30 條第 3 項）。例如曉紅莓將票據背書給戴娜，並為禁止轉讓的記載，戴娜卻又將票據背書給喬安娜，此時戴娜的背書仍是有效的背書，但是曉紅莓對喬安娜不負背書人責任，如果喬安娜向曉紅

莓行使追索權，曉紅莓得以此為理由，拒絕付款給喬安娜。

背書人只能在票據背面記載禁止背書轉讓，而且必須在該記載旁簽章。

3. **禁止轉讓背書的記載，有下列幾點值得注意**

(1)票據法對於發票人禁止背書轉讓的記載位置，並無明文規定，實務上認為發票人禁止背書轉讓的記載，可以在票據「正面」或「背面」，並進一步認為在票據「正面」記載禁止背書，該記載如果「依社會觀念足以認為是由發票人在發票時所寫」，發生禁止背書轉讓的效力；但如果是在票據「背面」記載禁止背書，為了區別是否是發票人所為，發票人應在記載處蓋章簽名，否則不發生禁止背書轉讓的效力（最高法院 69 年度台上字第 2808 號判決、最高法院 77 年度第 23 次民事庭會議決議）。

(2)背書人為禁止背書轉讓的記載時，必須在該處簽名蓋章，才發生禁止背書轉讓的效力。若未經簽名或蓋章，則無法判斷是何人所為的記載，應視為無記載（最高法院 68 年台上字第 3779 號判例，司法院司法業務研究會第 3 期）。

(3)發票人或背書人可使用與禁止背書轉讓同一意義的文句，例如「限於某甲」。但實務認為下列記載，不發生禁止背書轉讓的效果：①票據上記載「退稅保證之用」（最高法院 65 年台上字第 183 號判決）；②將受款人下之「或其指定人」字樣刪除（臺東地院 90 年度簡上字第 48 號判決）；③僅記明受款人（最高法院 48 年台上字第 1841 號判決）。

(4)為「禁止轉讓」的記載後，可否塗銷該記載？實務認為，票據法雖無塗銷禁止轉讓背書的規定，也無明文禁止塗銷，但在記載禁止轉讓後將其塗銷，與未記載禁止轉讓的情形相同，似無禁止其塗銷的必要。但為使法律關係單純化及助長票據流通，應使第三人易於辨識塗銷係何人所為，較為妥當，所以塗銷的人必須於塗銷處簽名或蓋章，才發生塗銷的效果（最高法院 96 年台上字第 959 號判決）。

本案中，誠涼涼違反朱砂智禁止背書的記載，將票據背書給曉紅莓，由於朱砂智是背書人而不是發票人，因此朱砂智所為的禁止背書轉讓，不會使該匯票喪失流通性，誠涼涼仍得以背書將票據轉讓給他人，只不過朱砂智對該受讓人不負責任。惟該張匯票的到期日是民國 112 年 4 月 16 日，而誠涼涼在 112 年 6 月 1 日為轉讓背書，誠涼涼所為的背書是期後背書，只發生一般債權讓與的效果，所以曉紅莓未取得票據權利。

四、誠涼涼把郝梧辜的背書塗掉，會產生什麼效果？

㈠背書連續的意義

所謂背書連續，指票據的背書，在形式上，自受款人到最後執票人間，前後連續不中斷。即票據的受款人，是第一次背書的背書人，而第一次背書的被背書人再為背書時，則為第二次背書的背書人，自第二次以後的背書人，均是前一次背書的被背書人，依此種順序持續到最後的執票人，例如發票人簽發匯票給受款人伊森，伊森背書轉讓給路瑟，路瑟再背書給席蒙。

㈡背書連續的效力

1.證明權利的效力

依票據法規定，執票人必須透過背書的連續，證明其權利（票據法第 37 條第 1 項）。此處不僅指執票人對背書人行使追索權而已，縱使執票人直接對發票人請求清償票款，也須透過背書的連續證明其權利（最高法院 70 年台上字第 1320 號判決、最高法院 74 年度台上字第 810 號判例、高等法院臺南分院 104 年度非抗字第 8 號裁定）。換句話說，執票人只要出示背書連續的票據，就享有票據權利，不必另外證明自己是合法取得票據。至於背書是否連續，只須從票據的外觀記載加以判斷，不必追究實際移轉權利的過程。

2.付款免責的效力

為加速票據的流通，提高清償的有效性，付款人對背書連續的票據為付款時，即免除其責任（票據法第 71 條第 1 項反面解釋），不必調查背書簽名有無偽造，也不必調查執票人是否為真正的權利人。

3.第三人善意受讓的效力

依連續背書而取得票據的被背書人，即使背書人為無權利人，被背書人仍可因善意受讓而取得票據權利。

㈢背書連續的認定

記名式票據，如果受款人未背書，則屬背書不連續，執票人不得行使票據權利。無記名式票據，若受款人並非自發票人處受讓票據的人，而是由前執票人依票據法第 25 條第 2 項規定記載完成者 （在無記名匯票空白內，記載自己或他人為受款人，變更為記名匯票），就不能因該受款人未在本票背書， 直接判定為背書不連續 （最高法院 68 年台上字第 1939 號判例）。

倘票據上之受款人欄為「甲公司」，而背書人欄記為「甲實業股份有限公司」時，為免遭付款銀行認定二者並非同一法人，而以「背書不連續」為理由退票，提示銀行可循受款人或執票人的要求，在票背上作成「收入抬頭人帳無誤」、「擔保抬頭人背書無誤」、「證明抬頭人背書無誤」等字樣記載，請付款銀行付款（臺北市銀行公會 63 年會業第 0093 號函）。

1.背書都是記名時

若票據上的背書都是記名背書時，除了第一背書人必須是受款人外，其餘的背書，必須後一背書的背書人為前一背書的被背書人，背書才算連續。舉例說明：

例一：

背書次數	被背書人	背書人
第一次	戴 娜	（原受款人）喬安娜簽章
第二次	路 娜	戴娜簽章
第三次	（最後執票人）孟娜	路娜簽章

例二：

> 票面金額讓與
> 戴娜女士　　　　　　　民國一百一十二年八月一日
> 　　　　　　　　　　　　（原受款人）喬安娜
>
> 票面金額讓與
> 路娜女士　　　　　　　民國一百一十二年八月二日
> 　　　　　　　　　　　　　　　　戴　娜
>
> 票面金額讓與
> 孟娜女士　　　　　　　民國一百一十二年八月三日
> 　　　　　　　　　　　　　　　　路　娜

　　如果前一背書的被背書人與次一背書的背書人不同，則背書不連續。舉例說明如下：

背書次數	被背書人	背書人
第一次	戴 娜	（原受款人）喬安娜簽章
第二次	郝梧辜	路娜簽章
第三次	孟 娜	郝梧辜簽章
第四次	羅 賓	（孟娜的唯一兒子）喬巴簽章

　　第一次背書的被背書人為戴娜，與第二次背書的背書人路娜不同，所以背書不連續。至於第三次的被背書人為孟娜，雖與第四次背書的背書人喬巴不同，但如果喬巴能證明自己是孟娜的繼承人，則喬巴因繼承而取得

票據權利，不會造成背書的中斷。

2.背書中有空白背書時

若票據上的背書中有空白背書時，其次的背書人，視為前空白背書的被背書人（票據法第 37 條第 1 項）。

例如：

背書次數	被背書人	背書人
第一次	空　白 （視路娜為被背書人）	（原受款人）喬安娜簽章
第二次	郝梧辜	路娜簽章
第三次	空　白 （視喬巴為被背書人）	郝梧辜簽章
第四次	羅　賓	喬巴簽章

3.若票據上的背書被塗銷時

背書的塗銷，指執票人故意塗銷背書。如果不是執票人故意塗銷，不影響票據上的效力。背書塗銷的效力如下：

⑴背書塗銷對背書連續的影響

①塗銷背書，不影響背書的連續時，對於背書的連續，視為無記載（票據法第 37 條第 2 項）。

例如：

背書次數	被背書人	背書人
第一次	空　白	（原受款人）喬安娜簽章
第二次	空　白	戴娜簽章 （戴娜的背書被孟娜塗銷）
第三次	空　白	路娜簽章
第四次	空　白	孟娜簽章 （塗銷人，在塗銷時為執票人）
第五次	空　白 （羅賓，現執票人）	喬巴簽章

孟娜將戴娜的背書塗銷後，把票據轉讓給喬巴，喬巴又將票據轉讓給羅賓，雖然戴娜的背書被塗銷，但就票據的外觀上來看，可以當作喬安娜背書轉讓給路娜，路娜再轉讓給孟娜，孟娜再轉讓給喬巴……，不影響背書的連續，因此把戴娜的背書當作不存在（視為無記載）。

②塗銷背書，影響背書的連續時，對於背書的連續，視為未塗銷（票據法第 37 條第 3 項）。

例如：

背書次數	被背書人	背書人
第一次	戴　娜	（原受款人）喬安娜簽章
第二次	路　娜	戴娜簽章 （戴娜的背書被孟娜塗銷）
第三次	孟　娜	路娜簽章
第四次	喬　巴	孟娜簽章 （塗銷人，在塗銷時為執票人）
第五次	羅　賓 （現執票人）	喬巴簽章

孟娜將戴娜的背書塗銷後，把票據交付給喬巴，如果戴娜的背書被塗銷，將導致第一次背書的被背書人與下一次背書的背書人不同，造成背書不連續，因此把戴娜的背書當作未被塗銷。

⑵背書塗銷對於背書人責任的影響

執票人故意塗銷背書者，被塗銷的背書人，因此免除責任。在被塗銷的背書人名次之後，而於未塗銷以前為背書者，均免除責任（票據法第 38 條）。換言之，如果背書人背書的次序，是在被塗銷背書之前，或是在塗銷背書之後，仍應負背書人責任。舉例說明：

發票人→喬安娜→戴娜（被塗銷人）→路娜

→孟娜（塗銷人）→喬巴→羅賓（現執票人）

　　戴娜的背書被孟娜塗銷,所以戴娜的票據責任被免除;而路娜的背書次序在被塗銷人(戴娜)之後,塗銷人(孟娜)之前,其票據責任也被免除;喬安娜背書的次序在戴娜之前,所以須負票據責任;喬巴是在塗銷後才背書的,也應負票據責任。

㈣隱存保證背書

　　所謂隱存保證背書,是指不在票據上記明保證字樣,而以背書方法,達成保證目的。背書人的背書行為,在外觀雖然是票據的轉讓背書,但實際上是以保證債務為目的。然而票據為文義證券,其實質關係既未記載在票據上,則背書人對於執票人,仍應負擔保支付票款的責任。本節案例中,朱砂智怕郝艾嬡無法清償,所以叫郝艾嬡填郝梧辜為受款人,再由郝梧辜將票據背書轉讓給朱砂智,雖然郝梧辜並非出於轉讓票據權利的意思,在票據上簽名,但郝梧辜還是要負背書人的票據責任。

　　本案中,誠涼涼塗銷郝梧辜的背書,如果不影響背書的連續,則視郝梧辜的背書不存在。反之,如果會影響背書的連續,則視為郝梧辜的背書未被塗銷,以保護執票人曉紅莓的權利。另一方面,郝梧辜的票據責任因塗銷而被免除,而朱砂智的背書次序在郝梧辜之後、誠涼涼之前,所以朱砂智的票據責任也被免除,曉紅莓只能向郝艾嬡、誠涼涼行使追索權。

習 題

◎選擇題

（ ） 1.丁丁想把一張票據轉讓給拉拉，他在票據上作了何種記載，會影響背書的效力？

⑴「如果拉拉未按時請客，背書不生效力」

⑵「轉讓票面金額的一半給拉拉」

⑶「禁止背書轉讓」

⑷以上皆是

（ ） 2.丁丁簽發一張匯票給拉拉，受款人欄記載為「拉拉」，拉拉想將票據轉讓給波波，他應該：

⑴直接把票據交給波波即可

⑵在票據背面填上波波的姓名，然後交付票據

⑶在票據背面簽上自己姓名，然後交付

⑷以上均可

（ ） 3.丁丁簽發一張匯票給拉拉，受款人欄空白，拉拉想將票據轉讓給波波，拉拉應該：

⑴直接把票據交給波波

⑵在受款人欄填上波波，然後交付給波波

⑶在受款人欄填上拉拉，並在票據背面簽名，然後交付票據

⑷以上皆可

（ ） 4.丁丁簽發一張匯票給拉拉，拉拉背書轉讓給波波，波波背書給艾艾，艾艾又背書給拉拉，問此時拉拉對誰有追索權？

(1)丁丁　(2)波波　(3)艾艾　(4)以上皆無

(　) 5. 承上題，若艾艾背書給丁丁，則此時丁丁對誰有追索權？

(1)拉拉　(2)波波　(3)艾艾　(4)以上皆無

(　) 6. 丁丁簽發一張匯票給拉拉，簽發票據時在票據正面記載了「禁止背書轉讓」，但拉拉仍背書轉讓給波波，波波又背書給艾艾。此時，拉拉及波波的背書行為：

(1)仍生票據法上背書的效力

(2)僅生民法上債權讓與的效力

(3)不發生任何法律上效力

(　) 7. 承上題，如果「禁止背書轉讓」的記載，是拉拉背書給波波時寫的，則波波的背書行為：

(1)仍生票據法上背書的效力

(2)僅生民法上債權讓與的效力

(3)不發生任何法律上效力

(　) 8. 丁丁簽發受款人為拉拉的本票一張，拉拉未背書即交付予波波，波波受讓後填寫自己為背書人後，再背書轉讓給艾艾，艾艾再背書轉讓給奇奇。該本票的背書有無連續？理由為何？

(1)不連續，因拉拉無背書

(2)連續，因形式上背書連續無中斷

(3)不連續，因背書人波波不可以填自己為被背書人

(4)連續，因執票人奇奇收受本票時並未爭執背書不連續

(　) 9. 甲簽發面額新臺幣 10 萬元的無記名匯票一張交付受款人乙，乙記名背書轉讓丙，丙空白背書轉讓丁，丁交付戊，戊記名背書轉讓己，己交付庚，試問：背書有無連續？

(1)背書連續

(2)背書不連續，丙空白背書轉讓丁時中斷

(3)背書不連續，丁交付戊時中斷

(4)背書不連續，己交付庚時中斷

◎試說明下列背書是否連續

1.

被背書人	背書人
伊　森	路　瑟
席　蒙	路　瑟

2.

被背書人	背書人
伊　森	路瑟（被席蒙塗銷）
席　蒙	伊　森
海　莉	席蒙（塗銷人）

3.

被背書人	背書人
空　白	路瑟（被席蒙塗銷）
空　白	伊　森
空　白	席蒙（塗銷人）
空　白	海　莉

◎問答題

1.何謂設質背書？

2.何謂委任取款背書？

3.背書連續的效力為何？

第三節　承兌與參加承兌

本節重點

◎承兌

1.匯票付款人→承兌→匯票主債務人

2.
```
          ┌ 應承兌的匯票 ┬ 註期匯票
          │              └ 承兌提示命令的匯票
          │
          │ 得承兌的匯票 ┬ 計期匯票
          │              └ 定期匯票
          │
          └ 不須承兌的匯票→見票即付匯票
```

3.承兌的種類
```
   ┌ 方式 ┬ 正式承兌→「承兌」＋「簽名」
   │      └ 略式承兌→「簽名」
   │
   └ 限制 ┬ 單純承兌
          │
          └ 不單純承兌 ┬ 一部承兌
                       └ 附條件承兌
```

◎參加承兌

為阻止執票人行使期前追索（目的）

↓

預備付款人或經執票人同意的票據債務人以外的第三人（參加人）

↓

為特定票據債務人的利益（被參加人）

↓

加入票據關係的附屬票據行為（性質）

本節目標

1.使讀者對匯票承兌制度有所了解，重點置於何種匯票必須請求承兌，應於何時請求承兌，以及付款人為承兌時所受的限制。

2.從防止期前追索的角度切入，使讀者知悉匯票參加承兌制度，重點置於參加承兌的當事人及其法律效果。

案 例

白月光在民國 112 年 1 月 15 日簽發匯票一張，面額新臺幣 5 萬元整，到期日為民國 112 年 4 月 15 日，以美好飾為受款人，朱砂智為付款人，並指定李維斯為預備付款人。美好飾為了向童禮心購買 GK 模型，於是將該匯票背書轉讓給童禮心，並在票據上註明「應於一百一十二年三月五日前請求承兌」，童禮心因遲至 3 月 14 日才向朱砂智請求承兌，朱砂智在票據上記載「承兌後禁止背書轉讓」。

問 題

一、朱砂智所為「承兌後禁止背書轉讓」的記載，該承兌是否有效？

二、童禮心未在美好飾所指定的期限內請求承兌，會發生什麼效果？

三、如果朱砂智拒絕承兌，白月光有沒有方法避免童禮心行使期前追索權？

說　明

一、朱砂智所為「承兌後禁止背書轉讓」的記載，該承兌是否有效？

㈠承兌的意義

承兌，指匯票付款人接受發票人的付款委託，並將此一負擔付款義務的允諾記載在票據上，是票據附屬行為的一種。承兌制度只有匯票才有，本票及支票均無。

匯票付款人並不因發票人付款的委託，而自動成為票據債務人，必須經過承兌後，才成為票據的主債務人。一旦付款人成為承兌人後，在票據權利因時效消滅前，必須依匯票上記載的文義負付款責任。縱使發票人未將票面金額交給承兌人，承兌人也不能因此免除責任。如果承兌人到期不付款，執票人（包括發票人）可以請求票面金額加上票據法規定的利息及費用（票據法第 52 條第 2 項）。

承兌與民法上債務承擔的比較：

⑴就法律性質言

①承兌屬於單獨行為的一種；債務承擔則是契約行為（承擔人與債權人間的契約；或承擔人與債務人間的契約，但須經債權人承認）。

②承兌僅限付款人才有資格；債務承擔則任何人都可以。

③承兌是要式行為，須記載在匯票正面；債務承擔則非要式行為，不一定要寫成書面。

⑵就法律效果言

①付款人因承兌行為而負擔票據債務，屬於債之發生，承兌後與發票人就承兌金額負連帶責任；債務承擔則屬債務移轉問題，原債務人因此免責。

②除執票人取得票據係出於惡意者外，承兌人不得以自己與發票人間的抗辯事由，對抗執票人；至於債務承擔，承擔人不得以自己與原債務人間的抗辯事由，對抗債權人（民法第 303 條第 2 項），只能以原債務人與債權人間的抗辯事由，對抗債權人（民法第 303 條第 1 項）。

③承兌行為，不影響票據擔保（背書人或保證人的擔保不會因承兌而失效）；然而債務承擔，除擔保人對於債務承擔已為承認外，其擔保因債務承擔而消滅。

⑶就消滅時效言

承兌人的票據債務，其消滅時效期間為三年（票據法第 22 條第 1 項）；債務承擔人所承擔的債務，其消滅時效期間，則與原債務人債務的時效期間相同。

並不是所有的匯票都一定要請求付款人承兌，說明如下：

1.應請求承兌的匯票

應請求承兌的匯票有二種：

⑴註期匯票

註期匯票（也稱為「見票後定期付款匯票」）的到期日，是自執票人請求承兌（見票）後經過一定的期間。也就是說，請求承兌是到期日的起算點，所以這種匯票必須請求承兌。例如票據上記載「見票後一個月付款」，此時到期日起算點是以執票人請求承兌後起算。若未為承兌，依票據法第 104 條第 1 項規定喪失追索權。

⑵有承兌提示命令的匯票

除註期匯票外，發票人或背書人也可以要求執票人一定要為承兌，並且可以指定期限（票據法第 44 條第 1 項），此種匯票稱為「承兌提示命令匯票」。匯票有承兌提示命令時，執票人有請求承兌的義務。未為承兌，依票據法第 104 條第 2 項規定喪失追索權。

2.得請求承兌的匯票

執票人如果對發票人或付款人很有信心，可以在到期日當天直接為付款的請求。但若擔心能否順利取得票款，也可以在到期日前為承兌的提示（票據法第 42 條）。若執票人在到期日前為承兌提示，被付款人拒絕承兌，則執票人可以立即行使期前追索權。換句話說，在定期匯票或計期匯票，執票人是否為承兌的提示，由執票人自由決定，稱為「承兌自由原則」。

3.不須請求承兌的匯票

見票即付的匯票，以提示付款日為到期日（票據法第 66 條第 1 項），執票人可直接請求付款，所以不須請求承兌。如果見票即付的匯票記載「應請求承兌」，效力為何？此時應依票據法第 12 條，該記載不生票據法效力，視為無記載。

(二)承兌的種類

承兌因不同的區別標準而有不同的分類：

1.依承兌的方式區分

⑴正式承兌

付款人在匯票正面記載「承兌」字樣，並由付款人簽名（票據法第 43 條前段）。

⑵略式承兌

付款人僅在匯票正面簽名，而不記載任何文字（票據法第 43 條後段）。

2.依承兌有無限制區分

⑴單純承兌

付款人完全按照票據上的記載事項為承兌時，稱為單純承兌。

⑵不單純承兌

付款人變更或限制票據上的記載事項而為承兌，稱為不單純承兌。又可分為下面二種：

　　①一部承兌：付款人僅就部分的匯票金額為承兌，稱為一部承兌，但一部承兌須執票人同意。例如票面金額為新臺幣 50 萬元，付款人僅承兌 25 萬。付款人須經過執票人的同意才可為一部承兌。當付款人為一部承兌時，執票人應該將此事通知前手，以使次序在前的背書人做好可能被追索的準備（票據法第 47 條第 1 項）。對於未承兌的部分，執票人應請求作成拒絕證書以為證明（票據法第 86 條第 1 項），以便就未承兌的部分行使期前追索權。

　　②附條件承兌：指付款人在承兌時，附有條件。附條件的承兌，將使票據權利義務關係不確定，不利於票據的流通，因此承兌附有條件時，視為承兌的拒絕，執票人可以向前手行使追索權（票據法第 47 條第 2 項）。如果執票人不行使追索權，而願意以承兌人所附的條件行使付款請求權的話，則承兌人仍應依照其所附的條件責任（票據法第 47 條第 2 項但書）。

(三)承兌的格式

1.絕對必要記載事項

　　絕對必要記載事項因正式承兌或略式承兌而有不同：

(1)正式承兌

　　正式承兌的絕對必要記載事項為「承兌字樣」及「簽名」。所謂「承兌字樣」，指所有能表示願意承兌意思的文字均可，通常寫成「承兌」、「照兌」或「兌付」。

(2)略式承兌

　　略式承兌的絕對必要記載事項只有「簽名」。只要付款人在票據上簽名，不論付款人內心的意思為何，一律視為承兌。但如果沒有簽名，付款人只寫「承兌」，依照票據法第 5 條第 1 項的反面解釋，付款人不負擔承兌責任。

2.相對必要記載事項

　　見票後定期付款的匯票，或指定請求承兌期限的匯票，應由付款人在承兌時，記載日期，以確定到期日（票據法第46條第1項）。如果付款人漏未記載承兌日期，該承兌仍然有效，但執票人可以請求作成拒絕證書，以證明承兌日期；未作成拒絕證書時，以票據法所定或發票人指定的承兌期限的最後一日為承兌日（票據法第46條第2項）。例如喬安娜簽發一張匯票給戴娜，以路娜為付款人，並記載「應於民國一百一十二年三月十五日前提示承兌」，戴娜在民國112年3月10日向路娜提示承兌，路娜為承兌時漏未記載承兌日期，此時戴娜可請求作成拒絕證書，以證明戴娜已在期限內請求承兌，如果未作拒絕證書，則以民國112年3月15日作為該張匯票的承兌日。

3.任意記載事項

　　任意記載事項主要有二：

⑴擔當付款人

　　付款人在承兌時，可以指定擔當付款人。如果發票人已指定擔當付款人，付款人在承兌時，可以塗銷或變更（票據法第49條）。

⑵付款處所

　　付款人在承兌時，可在匯票上記載付款地點（票據法第50條）。

　　本案中，朱砂智在承兌時記載「承兌後禁止背書轉讓」，為附條件的承兌，依票據法的規定，視為拒絕承兌，童禮心可以行使期前追索權。但童禮心也可以不行使追索權，而按照朱砂智所記載的條件行使付款請求權，即童禮心不將票據背書轉讓給他人，而在到期日當天向朱砂智請求付款，此時由於童禮心已遵守朱砂智所記載的條件，所以朱砂智必須負起承兌責任。

二、童禮心未在美好飾所指定的期限內請求承兌,會發生什麼效果?

㈠承兌的日期

非見票即付的匯票,執票人原則上可以在到期日前向付款人為承兌的提示,也可以不為承兌的提示,而在到期日直接為付款的提示,但在下列情形中,執票人的提示日期受到限制:

1.註期匯票

註期匯票以提示承兌日(即見票日)開始後特定期間為到期日,如果提示日不確定,付款日便無法確定,因此票據法特別規定「見票後定期付款的匯票,應自發票日起六個月內為承兌的提示。前項期限,發票人可以特約縮短或延長法定承兌期限,但延長的期限不得超過六個月」(票據法第45條)。執票人違背法定期限時,對其前手喪失追索權(票據法第104條第1項);違背發票人的特約期限時,對發票人喪失追索權(票據法第104第2項)。例如喬安娜在民國112年3月1日簽發一張匯票給戴娜,票據上記載「見票後二個月付款」,戴娜將票據轉讓給路娜,則路娜必須自3月1日起6個月內(即9月1日前)為承兌的提示,否則對喬安娜、戴娜喪失追索權;如果喬安娜在票據上記載「見票後二個月付款,並應自發票日起二個月內提示承兌」,則路娜必須在5月1日前提示承兌,否則依照票據法第104條第1項規定,路娜喪失對喬安娜的追索權。

2.有承兌提示命令的匯票

除見票即付的匯票外,發票人或背書人為了早日確定付款人是否願意付款,可以在匯票上為請求承兌的記載,並指定應承兌的期限。但背書人所指定應請求承兌的期限,不可以落在發票人所記載禁止承兌的期限內(票據法第44條第2項),例如發票人記載 「自發票後二個月內不得提示承

兌」，則背書人不可以記載「自發票後一個月內應提示承兌」，以免相互衝突。此種記載的效力，因記載人的不同而有不同：

⑴發票人記載

發票人在匯票上為應請求承兌的記載時，其效力及於全部的背書人。執票人如果違反承兌提示命令，對發票人及前手喪失追索權。

⑵背書人記載

背書人在匯票上為應請求承兌的記載時，僅對該背書人生效。執票人如果違反承兌提示命令，對該背書人喪失追索權（票據法第104條第2項）。

3.有承兌提示禁止的匯票

匯票原則上可以在到期日前隨時為承兌的提示，但發票人可以禁止在一定日期前請求承兌（票據法第44條第2項）。執票人如果在禁止承兌期間內，請求承兌遭拒絕，不可以作成拒絕證書行使期前追索權。

(二)承兌的延期

由於付款人一經承兌，即成為票據主債務人，對付款人自身權益影響很大，所以票據法規定付款人在執票人提示承兌時，原則上雖應立即決定是否承兌，但付款人可以請求延期承兌，使付款人有較多的時間考慮其與發票人間的資金關係及信用關係，以顧及付款人的權益。但為避免承兌與否遲遲不確定，因此延期承兌以三日為限（票據法第48條）。

(三)承兌的撤銷

另外，付款人雖簽名承兌，在未將票據交還給執票人前，依票據法規定，仍然可以撤銷承兌。因為此時承兌的意思表示還未到達執票人，付款人的撤銷對執票人不會造成損害。但如果付款人已簽名承兌並將匯票交付給執票人，或已向執票人或匯票票據債務簽名人（如發票人、背書人）以書面通知承兌時，則不得撤銷。因為此時承兌的意思表示已到達執票人或

匯票簽名人，付款人的撤銷對執票人或匯票簽名人可能造成損害（票據法第 51 條）。

㈣承兌人塗銷發票人簽章

執票人在承兌人承兌後塗銷發票人的簽章，其法律效果為何？例如 A 簽發一張匯票予 C，以 B 為付款人，C 將票據轉讓給 D。B 承兌後，D 將 A 的簽名塗銷，對 A、B、C 的票據責任有何影響？

匯票為要式證券，發票人的簽名為絕對必要記載事項，發票人簽名遭塗銷時，票據的要式性就遭到破壞，匯票上權利即應歸於消滅。但因付款人在承兌後負絕對付款責任，不因發票人簽名被塗銷而受影響。但 A、C 的票據責任，還是因 D 的塗銷行為而獲免除。

本案中，美好飾是背書人，美好飾所記載的承兌提示期限，其效力僅及於美好飾一人，童禮心未在美好飾所定的提示承兌期限內請求承兌，僅喪失對美好飾的追索權。

三、如果朱砂智拒絕承兌，白月光有沒有方法避免童禮心行使期前追索權？

㈠參加承兌的意義

匯票付款人拒絕承兌時，預備付款人或經執票人同意的票據債務人以外的第三人，為維護特定債務人的利益，防止執票人行使期前追索權，允諾在付款人不付票款時，由其負擔付款義務的附屬票據行為，稱為參加承兌。參加承兌的人稱為參加人，因參加承兌而直接享受利益的人，稱為被參加人。

參加承兌與承兌有下列幾點不同：

1. 目的不同

承兌的目的是在確定付款人的付款責任；而參加承兌的目的，是在防

止期前追索，由參加承兌人承擔追索義務。因此匯票到期日屆至時，執票人仍應先向付款人或擔當付款人請求付款，只有在請求付款被拒絕時，才可向參加付款人提示付款。

2.責任範圍不同

承兌人應對全部的票據債權人負付款義務；而參加付款人僅對被參加人及其後手負付款義務。

3.清償後的請求權不同

承兌人付款後，不可向任何票據債務人行使追索權，縱使發票人未交付資金給承兌人，承兌人只能依民法上的規定向發票人請求；而參加付款人支付票款後，取得執票人的權利，可以向被參加人及其前手行使追索權。

㈡參加承兌的時期

參加承兌的目的既然是在防止期前追索權的行使，因此必須是在執票人可以行使期前追索權的情形下，也就是有下列情形之一時，才可參加承兌：1.匯票付款人拒絕承兌；2.付款人或承兌人死亡、逃避或其他原因，無從為承兌或付款的提示；3.付款人或承兌人受破產宣告（票據法第 85 條第 2 項）。

㈢參加承兌的當事人

參加承兌人限於下列二種人之一：

1.預備付款人

預備付款人是由發票人或背書人所指定，其目的在使預備付款人可以參加承兌或參加付款，以防止追索權的行使。匯票上記載有預備付款人時，執票人遇到可以行使期前追索權的情形，可以請求預備付款人參加承兌（票據法第 53 條第 1 項），如果預備付款人自動參加承兌，執票人不可以拒絕。

2.票據債務人以外的第三人

除預備付款人與票據債務人外，不論何人只要經執票人同意，可以票

據債務人中的一人為被參加人，而為參加承兌（票據法第 53 條第 2 項）。須經執票人同意的原因，是因為參加承兌不須要實際支付票據金額，為了避免票據債務人與第三人串通，假藉參加承兌拖延執票人行使期前追索權的時間，所以須經過執票人同意。

　　預備付款人或「票據債務人以外的第三人」，如果不是受被參加人的委託而為參加承兌，應在參加後四天內，將此事通知被參加人，如果參加人怠於為上述通知而造成損害時，負損害賠償責任（票據法第 55 條）。

　　原則上票據債務人均得成為被參加人，但曾在票據上記載「免除擔保承兌之責」的人（票據法第 29 條第 1 項但書、第 39 條），本來就不會因為付款人拒絕承兌而被追索，因此，期前追索權如果是因為拒絕承兌而發生時，免除擔保承兌的票據債務人不可成為被參加人。

㈣參加承兌的記載事項

　　參加承兌應在匯票正面記載下列事項，並由參加承兌人簽名：

1.參加承兌的意思

　　參加承兌人必須表明參加承兌的意思，以便與其他票據行為作一區別（票據法第 54 條第 1 項第⑴款）。

2.被參加人的姓名

　　參加承兌必須指明被參加承兌而直接受益的人（票據法第 54 條第 1 項第⑵款），未記載被參加人時，視為以發票人為被參加人（票據法第 54 條第 2 項）。又，預備付款人參加承兌時，以指定預備付款的人，為被參加人（票據法第 54 條第 3 項）。

3.日　　期

　　參加承兌須記載日期，以確定該票據行為的生效日期（票據法第 54 條第 1 項第⑶款）。

㈤參加承兌的效力

1.對執票人的效力

執票人同意參加承兌後，不可行使期前追索權（票據法第 56 條第 1 項）。

2.對參加承兌人的效力

付款人或擔當付款人未在法定期限內付款時，則參加承兌人應負付款的責任（票據法第 57 條）。

3.對被參加人及其前手的效力

被參加人及其前手，雖然暫時免受期前追索，但其票據債務並不會因付款人或參加付款人的付款而免除。為了防止將來被追索時，債務負擔增加，被參加人及其前手可以在參加承兌後，向執票人支付票面金額加上票據法規定的利息、費用，請執票人交出拒絕證書及匯票（票據法第 56 條第 2 項）。

4.對被參加人後手的效力

被參加人的後手，免受期前追索，如果參加承兌人在票據到期時付款，其票據責任亦受免除。

㈥非受委託而參加承兌

參加承兌人非受被參加人委託而為參加時，依票據法第 55 條第 1 項規定，對被參加人負有通知義務。此一通知之作用如下：

1.被參加人可以作好償還參加人的準備。

2.被參加人可以期前償還，並向其前手追索。

3.被參加人如果是發票人且已向付款人提供資金時，可及早向付款人追還資金；如果還未提供資金，可不必再提供。

本案中，白月光為了防止童禮心行使期前追索權，可以委託預備付款人李維斯參加承兌，或是經童禮心同意，另外委託票據債務人（美好飾、朱砂智、李維斯）以外的第三人，參加承兌，使白月光暫時免受期前追索。

習　題

◎選擇題

（　）1.波波接到一張匯票，匯票上記載下列那一事項時，一定
要提示承兌？
(1)發票後二個月付款　(2)見票即付
(3)見票後二個月付款　(4)以上皆是

（　）2.波波接到一張「註期匯票」，拉拉至遲應自發票日後：
(1)二個月　(2)四個月
(3)六個月　(4)一年內為承兌的提示

（　）3.波波接到一張丁丁簽發，以拉拉為付款人，艾艾為擔當
付款人的匯票，波波應向誰提示承兌？
(1)丁丁　(2)拉拉　(3)艾艾　(4)以上皆可

（　）4.承上題，經承兌後，誰是匯票的主債務人？
(1)丁丁　(2)拉拉　(3)艾艾　(4)以上皆可

（　）5.丁丁在民國 112 年 1 月 5 日簽發一張拉拉為付款人，到
期日為 112 年 5 月 5 日的匯票給波波，波波在票據上記
載「應在三月一日前提示承兌」後，將票據背書給艾艾，
艾艾又背書轉讓給奇奇，奇奇如果在 3 月 5 日才提示承
兌，會對誰喪失追索權？
(1)丁丁　(2)波波　(3)艾艾　(4)以上皆可

（　）6.承上題，如果奇奇向拉拉提示承兌遭拒絕，誰可以參加
承兌？
(1)丁丁　(2)波波　(3)艾艾　(4)蒂蒂　(5)以上皆可

（　）7.承上題，如果蒂蒂跑來想為艾艾參加承兌，奇奇：

(1)可以拒絕　(2)不可以拒絕

（　）8.承上題，如果蒂蒂未註明是為誰參加承兌，則視誰為被參加承兌人？

(1)丁丁　(2)拉拉　(3)波波　(4)艾艾　(5)以上皆可

（　）9.丁丁簽發一張定日付款的匯票，付款人在承兌時，只願意對部分的票據金額承兌，試問下列敘述何者正確？

(1)付款人不得為一部金額的承兌，該承兌絕對無效

(2)付款人可以為一部金額的承兌，不論執票人同意與否

(3)須經執票人同意，付款人才能作一部金額的承兌

(4)執票人須經前手的同意，才可同意付款人承兌一部金額

◎問答題

1.何謂不單純承兌，其效力如何？

2.何謂「承兌提示命令的匯票」？誰有權為此項記載？其效力如何？

第四節 保 證

本節重點

◎票據保證指票據債務人以外的第三人，為擔保特定票據債務人履行票據債務，所為的附屬票據行為。

◎保證人的
- 責任
  - 與被保證人負同一責任
  - 被保證債務消滅，保證債務亦消滅
  - 被保證債務實質無效形式有效，保證債務仍有效
- 權利→清償債務後，得行使執票人的追索權

本節目標

使讀者了解票據保證制度，重點置於保證的當事人及保證人的權利義務。

案 例

花千伊在民國 112 年 3 月 1 日簽發一張匯票給李敏潤，票面金額為新臺幣 40 萬元，到期日為民國 112 年 6 月 1 日，以白月光為付款人。但李敏潤不認識花千伊，所以希望花千伊找保證人，避免到時候花千伊拿不出錢來。聽完李敏潤的請求，花千伊打算找白月光與喬安娜當保證人。

問 題

一、白月光可以同時為同一匯票的付款人及保證人嗎？

二、喬安娜應如何在匯票上為保證的記載？

三、如果喬安娜擔任匯票保證人後，發現花千伊的發票行為是被偽造的，喬安娜是否仍負保證的責任？

說 明

一、白月光可以同時為同一匯票的付款人及保證人嗎？

㈠票據保證的意義

票據保證，指票據債務人以外的第三人，以擔保特定票據債務人履行票據債務為目的，所為的附屬票據行為。匯票、本票是信用證券，所以有票據保證制度，而支票是支付證券，所以無保證制度（票據法第 58 條第 1 項、第 124 條）。如果在支票上記載「保證」，屬於票據法不規定的事項，依票據法第 12 條視為無記載，不生票據法上效力。

票據保證與民法上的保證不同，說明如下：

1.票據保證是要式行為，必須依票據法規定的格式為記載；而民法上的保證，只要債權人與保證人達成協議（口頭約定也可以），保證契約即成立，所以民法上的保證是不要式行為。

2.票據保證是單獨行為，只須要保證人以法定方式在票據上為記載就可以，不須被保證人的同意；而民法上的保證是契約行為，必須保證人及債權人雙方達成協議才能成立。

3.票據保證具有獨立性，除被保證的債務因欠缺法定記載事項而無效

外，不因被保證人的債務無效而免除保證責任（票據法第 61 條第 2 項）；民法上的保證則具有從屬性，如果被保證的債務不存在，保證債務亦不存在。

㈡票據保證的當事人

票據保證的保證人，應由票據債務人以外的第三人擔任（票據法第 58 條第 2 項、第 124 條），因為票據債務人本來就負有票據責任，再由票據債務人當保證人，並不會提高票據的信用，所以票據債務人不可以為票據保證人。票據保證人的資格則無限制，自然人或法人皆可，但公司法第 16 條第 1 項規定：「公司除依其他法律或公司章程規定得為保證者外，不得為任何保證人。」故公司原則上不得為票據保證人。

只要是票據債務人，皆可以成為票據的被保證人，如發票人、承兌人、參加承兌人，如果指定非票據上的債務人為被保證人，該保證行為無效。要注意的是，付款人在承兌以前並不負票據責任，不是票據債務人，所以無被保證人的資格。必須等付款人承兌，成為匯票主債務人後，才能成為被保證人。

本案中，雖然白月光在承兌前不是票據債務人，但白月光承兌後就成為票據的主債務人。由白月光擔任保證人，並不能達到提高票據信用的目的，所以只有喬安娜可以擔任保證人。

二、喬安娜應如何在匯票上為保證的記載？

喬安娜應在匯票或匯票謄本上記載下列事項（票據法第 59 條第 1 項）：

1.保證的意思

在票據上記載「保證」字樣，以便與其他票據行為相區別。如果保證人就票據金額的一部為保證（例如票面金額為新臺幣 30 萬元，僅就新臺幣 10 萬元為保證），也應載明在票據上（票據法第 63 條）。

2.被保證人的姓名

未記載被保證人時，視為以承兌人為被保證人，如果票據還未提示承兌，則視為以發票人為被保證人。但如果依票據上的記載，可以推知以何人為被保證人時，則不在此限（票據法第 60 條）。

3.日　期

未載保證日期時，以發票日為保證日（票據法第 59 條第 2 項）。

4.保證人簽名

三、如果喬安娜擔任匯票保證人後，發現花千伊的發票行為是被偽造的，喬安娜是否仍負保證的責任？

本題涉及保證的效力，保證的效力可從保證人的責任與權利加以說明：

㈠保證人的責任

1.保證人與被保證人，負同一責任

保證人與被保證人，負同一責任（票據法第 61 條第 1 項），也就是保證人的債務與被保證人的債務，在種類與數量上完全相同。就債務種類來說，如果是為承兌人保證，則保證人負付款責任；如果是為發票人或背書人保證，則保證人負承兌及擔保付款的責任。就債務數量來說，除了一部保證之外（票據法第 63 條），被保證人應支付的金額，即為保證債務的金額。

匯票保證人是否應與發票人負連帶責任？肯定說認為，匯票及本票的保證人為票據債務人，依票據法第 96 條規定，發票人與票據債務人負連帶責任，故保證人應與發票人負連帶責任。而否定說則認為，依票據法第 58 條第 2 項的規定，票據保證人應由票據債務人以外之人為之，又保證人與被保證人負同一責任，此為票據法第 61 條所明文規定。故保證人並非票據法第 96 條所指之票據債務人，應無連帶責任可言，保證人與被保證人間僅

成立不真正連帶債務（最高法院 110 年度台簡上字第 36 號民事判決）。

2. 被保證債務消滅時，保證債務亦消滅

被保證債務因清償、免除、抵銷、時效等原因而消滅時，保證債務亦消滅。

3. 被保證人的債務形式有效而實質無效時，保證債務仍有效

被保證人的債務縱使無效，保證人仍負保證責任。但如果被保證人的債務因記載事項的欠缺而無效，則不在此限（票據法第 61 條第 2 項）。也就是說，如果票據因欠缺形式要件無效，則保證債務亦為無效；但如果是欠缺實質要件而無效，則保證人仍負保證義務。

4. 共同保證責任

二人以上為保證時，應連帶負責，即各保證人就被保證債務，負全部責任（票據法第 62 條）。例如誠涼涼簽發一張匯票，面額為新臺幣 10 萬元，伊森、美好飾為誠涼涼的保證人，此時伊森、美好飾的責任範圍皆是新臺幣 10 萬元，而不是各負 5 萬元的責任。

(二)保證人的權利

保證人在清償票據債務後，可以行使執票人對承兌人、被保證人及其前手的追索權（票據法第 64 條）。保證人行使的追索權，是基於票據法規定而來，因此被保證人或其前手，不可以將對抗執票人的事由對抗保證人。例如白月光簽發一張匯票給朱砂智，朱砂智將匯票背書轉讓給伊森，李敏潤為朱砂智的票據保證人，伊森提示承兌遭拒絕，請求李敏潤代朱砂智履行保證債務，李敏潤履行票據債務後，向白月光行使追索權，此時白月光不可以主張伊森未作成拒絕證書已喪失追索權，拒絕支付票款給李敏潤。

(三)票據保證與背書的異同

1. 相同點

⑴同樣是附屬票據行為，以發票行為有效存在為前提。

⑵同樣發生擔保票據債務履行的效力（票據法第 29 條、第 39 條及第 61 條）。

⑶履行義務後，同樣取得票據追索權。

2.相異點

⑴票據保證目的，是在擔保票據債務的履行；而票據背書目的，主要是移轉票據權利，至於背書的擔保效力，主要源自法律規定，而不是背書人背書時的目的。

⑵票據法不禁止一部保證，但禁止一部背書。

⑶如有多次保證時，保證人無前後連續與否的問題；但背書必須連續，才能證明被背書人的權利。

⑷票據保證人的責任，隨被保證人不同而有不同；但背書人的責任則為固定。

⑸票據保證不適用於支票；背書則無此限制。

⑹公司不得為票據保證人；但公司可為背書人。

本題，若發票行為是被偽造的，屬於票據行為實質無效，而不是形式無效，因為是實質要件的欠缺，所以喬安娜仍須負票據上保證責任。

習　題

◎選擇題

　　丁丁簽發一張匯票給波波，以拉拉為付款人，艾艾為保證人，波波將匯票背書轉讓給奇奇。

（　　）1.如果奇奇對該張票據沒有信心，

　　　　⑴可以　⑵不可以　要求丁丁作波波的保證人

（　　）2.艾艾擔任丁丁的保證人時，

　　　　⑴須　⑵不須　經波波的同意

（　　）3.如果丁丁根本沒有簽發匯票，而是灰狼偽造發票時，艾艾的保證行為：

　　　　⑴有效　⑵無效

（　　）4.如果丁丁在發票時，漏填發票日，艾艾的保證行為：

　　　　⑴有效　⑵無效

（　　）5.拉拉拒絕承兌後，奇奇請求艾艾給付票款。艾艾付款完後，可以向誰行使追索權？

　　　　⑴丁丁　⑵波波　⑶以上皆可　⑷以上皆非

（　　）6.丁丁簽發有效匯票一張交付予波波，指定拉拉為付款人及艾艾為預備付款人。丁丁請求奇奇在該匯票上為保證，奇奇乃於該匯票上簽名保證。下列敘述，何者正確？

　　　　⑴依票據法規定，奇奇不能選擇為誰保證，一概視為為發票人保證

　　　　⑵若奇奇未載明被保證人，一概視為為承兌人保證

　　　　⑶拉拉拒絕承兌後，波波可以選擇向丁丁或奇奇請求給付票款

⑷若奇奇簽名保證時，同時記載僅就其中半數金額為保
　證，則該保證因違反票據法規定而無效

（　）7.丁丁簽發一紙付款人為拉拉的匯票給波波，波波背書讓
　　　給艾艾，艾艾再背書讓與奇奇。蒂蒂則在拉拉承兌後，
　　　在票上載明保證意旨並簽名，但未載明為何人保證。若
　　　無法依票面記載判斷時，依票據法規定應視蒂蒂是為下
　　　列何人保證？
　　　⑴丁丁　⑵拉拉　⑶波波　⑷艾艾

第五節　到期日及付款

本節重點

◎到期日

1.到期日的作用 ┬ 決定提示付款的期限
　　　　　　　　├ 消滅時效的起算點
　　　　　　　　└ 付款人在到期日前付款應自負其責

2.到期日的記載方式 ┬ 定日付款
　　　　　　　　　　├ 發票日後定期付款
　　　　　　　　　　├ 見票即付
　　　　　　　　　　└ 見票後定期付款

◎付　款

1.提示付款的當事人 ┬ 提示人→執票人及其代理人
　　　　　　　　　　└ 被提示人 ┬ 付款人或承兌人或其代理人
　　　　　　　　　　　　　　　　├ 擔當付款人
　　　　　　　　　　　　　　　　├ 票據交換所
　　　　　　　　　　　　　　　　├ 參加承兌人
　　　　　　　　　　　　　　　　└ 預備付款人

2.提示付款的期限 ┬ 見票即付→發票日起六個月，發票人得縮短或延長
　　　　　　　　　└ 非見票即付→到期日或其後二日內

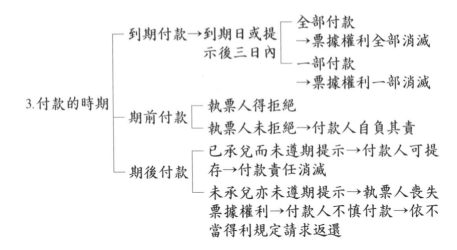

3. 付款的時期
- 到期付款→到期日或提示後三日內
  - 全部付款→票據權利全部消滅
  - 一部付款→票據權利一部消滅
- 期前付款
  - 執票人得拒絕
  - 執票人未拒絕→付款人自負其責
- 期後付款
  - 已承兌而未遵期提示→付款人可提存→付款責任消滅
  - 未承兌亦未遵期提示→執票人喪失票據權利→付款人不慎付款→依不當得利規定請求返還

◎付款人、擔當付款人、預備付款人、參加付款人之比較

	指定人	資　格	作　用
付款人	發票人指定		執票人應向付款人提示付款
擔當付款人	發票人指定	須在付款地有住、居所或營業所	有擔當付款人時，執票人應向擔當付款人提示付款
預備付款人	發票人指定；或背書人指定		付款人或擔當付款人拒絕付款時，執票人應向預備付款人提示付款
參加付款人	1.由參加承兌人、預備付款人依法參加付款 2.除付款人及擔當付款人外的任何人都可自動參加		1.付款人或擔當付款人拒絕付款時，執票人應請求參加承兌人參加付款 2.無參加承兌人時，應請求預備付款人參加付款 3.執票人遭拒絕承兌或付款時，付款人及擔當付款人以外的任何人可主動參加付款

本節目標

　　本節從「到期日的計算」切入，進一步說明匯票應於何時提示付款，預先建立讀者行使追索權的首要條件：「遵期提示」的概念。

案　例

　　伊森簽發一張匯票給白月光，以美好飾為付款人，發票日為民國 112 年 3 月 1 日，票據面額是新臺幣 5 萬元，票據上記載「發票日後二個半月付款」。在白月光收到伊森簽發票據後，白月光就一直放在自家桌上。某日，好友朱砂智來家裡拜訪，看到這張新臺幣 5 萬元的匯票，起了貪念的朱砂智決定偷走它。朱砂智偽造白月光的簽章，將票據背書轉讓給自己，並在民國 112 年 5 月 15 日向美好飾請求付款，美好飾如數支付給朱砂智。

問　題

一、所謂「發票日後二個半月付款」，究竟是指哪一天付款？

二、朱砂智不是真正的票據權利人，美好飾付款給朱砂智後，能因此而免除付款責任嗎？

■ 說　明

一、所謂「發票日後二個月半付款」，究竟是指那一天付款？

㈠到期日的意義

票據債務人依票據記載內容應履行付款義務的日期，稱為到期日。為使法律關係明確，到期日必須確定或可以確定，所以必須記載在票據上，如果未記載，即視為見票即付匯票（票據法第 24 條第 2 項）。

到期日在票據法上的作用主要有三：

1.執票人應在到期日或其後二日內為付款的提示（票據法第 69 條第 1 項），如果執票人不在上述期限內行使或保全票據權利，則喪失對前手的追索權；如果發票人或背書人依票據法的規定，指定執票人在一定期限內行使或保全票據權利，而執票人不在約定的期限內為前述行為時，對指定期限的人喪失追索權（票據法第 104 條）。

2.票據權利的消滅時效，自到期日起開始計算（票據法第 22 條第 1 項）。

3.票據債務人如果提前在到期日前付款，執票人可以拒絕，付款人在到期日前付款者，應自負其責（票據法第 72 條）

㈡到期日的記載及計算

依票據法的規定，匯票到期日的記載方式，只限於下列四種：

1.定日付款（定期匯票）

票據上記載某年某月某日付款時，該日即為到期日（票據法第 65 條第 1 項第⑴款）。票據上僅記載月初、月中、月底者，以該月的 1 日、15 日及末日為到期日（票據法第 68 條第 3 項）。如果票據上記載的日期，曆法上並無相當的日期時，以該月的末日為到期日（票據法第 68 條第 1 項後段）。例如到期日記載為民國 112 年 2 月 30 日，則以 112 年 2 月 28 日為到期日。

2.發票日後定期付款（計期匯票）

指由發票日開始計算，經過一定的期限，期限屆滿日即為到期日（票據法第 65 條第 1 項第(2)款）。例如在匯票上記載「發票日後十日付款」，如果發票日是 2 月 1 日，則到期日為 2 月 11 日，換句話說，從發票日的隔天（2 月 2 日）開始計算，發票日不算入（民法第 120 條第 2 項）。期限的末日如果是星期日、紀念日或其他休息日時，則延至休息日的次日。但期限中的休息日，應計入提示期間（民法第 122 條）。關於發票日後定期付款，票據法另有特別的規定：

(1)發票日後或見票後一個月或數個月付款的匯票，以在應付款的月份與該日相當之日為到期日，無相當日時，以該月末日為到期日（票據法第 68 條第 1 項）。例如票據上記載「發票日後三個月付款」，如果發票日是 1 月 1 日，則到期日為 4 月 1 日，如果發票日是 1 月 31 日，則到期日為 4 月 30 日。

(2)發票後一個月半或數個月半付款的匯票，應計算全月後加 15 天，以其末日為到期日（票據法第 68 條第 2 項）。例如票據上記載「發票日後二個半月付款」，如果發票日是 1 月 1 日，則到期日為 3 月 16 日，如果發票日是 1 月 23 日，則到期日是 4 月 7 日。

3.見票即付

見票即付的匯票，以執票人提示付款日為到期日（票據法第 65 條第 1 項第(3)款）。但若執票人不提示付款，則無法確定到期日，所以票據法規定，執票人應自發票日起六個月內提示付款，此一期限發票人得以特約加以縮短或延長，但延長的期限不可超過六個月（票據法第 66 條第 2 項）。

4.見票後定期付款（註期匯票）

以承兌日或拒絕承兌證書作成日為計算起點，經過一定期間，該期間屆滿日為到期日（票據法第 65 條第 1 項第(4)款）。匯票經拒絕承兌而未作

成拒絕證書者，以發票日起六個月的末日為到期日，但發票人可以特約縮短或延長該期限，惟延長的期限不可超過六個月（票據法第 67 條）。例如票據上記載「見票後二個月付款」，發票日為 1 月 1 日，執票人在 1 月 2 日提示承兌，則到期日為 3 月 2 日；如果執票人提示承兌遭拒絕，卻未作成拒絕證書時，則到期日為 9 月 1 日。

㈢分期付款匯票的到期日

分期付款買賣，在現行社會中非常普遍，所以票據法在民國 62 年修正時，配合商業交易習慣，特別規定匯票也可以分期付款。分期付款匯票到期日的計算方式，視其記載的方式，適用前述規定，但須特別注意下列事項：

1.分期付款的匯票，其中任何一期到期而未付款，未到期部分，視為全部到期（票據法第 65 條第 2 項）。

2.如果當事人約定「利息在匯票到期日前分期付款」時，任何一期利息到期而未付款，全部匯票金額視為已到期（票據法第 65 條第 4 項）。

3.依上述二點規定，視為已到期的匯票金額中，應扣掉未到期的利息（票據法第 65 條第 3 項）。此項應扣減的利息，如有約定利率時，依約定利率扣減，未約定利率時，依法定利率扣減（票據法施行細則第 9 條、票據法第 28 條第 2 項）。

4.分期付款的票據，受款人在每次受領票款及利息時，應分別給付款人收據，並在票據上記載受領票款的期別、金額及日期。

本案中，伊森在匯票上記載「發票日後二個半月付款」，屬於發票後定期付款匯票，發票日為 3 月 1 日，則到期日為 5 月 16 日。執票人應在 5 月 16 日或其後二日內請求付款。

二、朱砂智不是真正的票據權利人 ， 美好飾付款給朱砂智後，能因此而免除付款責任嗎？

㈠付款的意義

付款人或擔當付款人支付票據金額，使票據關係因此消滅的行為，稱為付款。由於票據具有流通性，不斷轉讓票據權利的結果，導致付款人不知道誰是最後的執票人，所以執票人必須先向付款人或承兌人提示付款，即將票據實際出示給付款人看，請求付款人支付票面金額。

㈡付款的提示

提示付款，應由執票人或其代理人向付款人或擔當付款人為提示。說明如下：

1.提示人

執票人或其代理人。

2.被提示人

有下列幾種：

⑴付款人或承兌人或其代理人

付款人或承兌人或其代理人死亡時，應向其繼承人提示，繼承人有數人時，可以向其中任何一人提示，但繼承人對於被繼承人的債務，以因繼承所得遺產為限，負連帶責任（民法第 1153 條第 1 項）。

⑵擔當付款人

匯票上載有擔當付款人時，付款提示應向擔當付款人為之（票據法第 69 條第 2 項）。

⑶票據交換所

為交換票據而向票據交換所提示，與付款提示有同一效力（票據法第 69 條第 3 項）。中央銀行得視各地票據流通情形設立票據交換所，以辦理

各地票據交換清算及相關業務。只有加入票據交換所的金融業者才可交換票據，一般人無法向票據交換所提示。

(4)參加承兌人

付款人或擔當付款人拒絕在到期日付款時，如果票據上載有參加承兌人，執票人應向參加承兌人提示付款（票據法第 79 條第 1 項前段）。

(5)預備付款人

付款人或擔當付款人拒絕在到期日付款時，如果票據上未載參加承兌人，而載有預備付款人時，應向預備付款人提示付款（票據法第 79 條第 1 項後段）。

3. 匯票提示付款的時間

因到期日記載方式的不同而有不同：

(1)見票即付的匯票

應在發票日後六個月內為付款提示，此項期間發票人得縮短或延長，但延長的期限不得超過六個月（也就是說，最長應在發票日後一年內為付款提示）（票據法第 66 條）。

(2)非見票即付的匯票

執票人應在到期日或其後二日內提示付款（票據法第 69 條第 1 項）。匯票上雖然記載「免除作成拒絕證書」，執票人仍應在期限內為付款提示（票據法第 95 條）。

執票人如果不在法定或約定期限內為付款提示，對前手或該約定的前手喪失追索權（票據法第 104 條）。票據法第 104 條第 1 項的「前手」，實務上認為不包括匯票承兌人及本票發票人，因為這兩人是票據「主債務人」，負絕對付款責任（司法院 73 廳民一字第 050 號函復台高院）。

4. 例外情形

票據是提示證券的一種，執票人必須實際出示票據，才可請求付款。

但在下列三種情形，執票人例外不必出示票據而行使票據權利：

　　(1)執票人喪失票據時，其票據權利的行使，可以依公示催告、除權判決的方法處理。

　　(2)執票人提示承兌遭拒絕，並作成拒絕承兌證書後，不必再為付款提示，也不必再作成拒絕付款證書（票據法第 88 條）。

　　(3)執票人因不可抗力的事變（例如天災、戰爭），不能在期限內為承兌或付款的提示時，應將此事迅速通知發票人、背書人及其他票據債務人（票據法第 105 條第 1 項）。不可抗力的事變終止後，執票人應立即向付款人提示，如果到期日屆滿後三十日，事變仍未終止，執票人可以直接行使追索權，不必提示或作成拒絕證書（票據法第 105 條第 3 項、第 4 項）。

(三)付款的時期

　　原則上，執票人提示付款後，受提示人應立即付款，但經過執票人的同意，可以延期付款，惟以提示後三日為限（票據法第 70 條）。到期日外的付款，可分成下列二種情形加以說明：

1.到期日前付款

　　到期日前執票人不可提示付款，付款人亦不可預先付款。執票人可以拒絕到期日前的付款（票據法第 72 條第 1 項）。即使執票人同意付款人預先付款，但如果到期日後，票據的真正權利人因喪失票據而為止付通知時，不論付款人在付款時是否為善意無過失，付款人對真正權利人仍負付款責任（票據法第 72 條第 2 項）。

2.到期日後付款

(1)匯票已承兌

　　匯票經付款人承兌後，承兌人變成票據的主債務人，在消滅時效完成前，承兌人的付款義務一直存在。因此，執票人若不在法定或約定期限內提示付款，承兌人可以將票據金額依法提存（將票據金額交給地方法院的

提存所），其提存費用，由執票人負擔，承兌人提存後，其付款義務即消滅（票據法第 76 條）。

⑵匯票未承兌

匯票未經承兌，付款人並非票據債務人，不負付款義務，執票人如果未在法定或約定期限內提示付款，則喪失追索權。也就是說，執票人喪失所有票據權利，若此時付款人仍付款，不發生票據付款效力，可以依民法上不當得利的規定，請求執票人返還票款（民法第 179 條）。

㈣付款人的審查義務

付款人付款前，應就「票據的形式」加以審查。如果票據的記載事項有欠缺，或背書不連續，而付款人仍然付款時，付款人自負其責（票據法第 71 條第 1 項）。但付款人對於「票據的實質」不負審查義務，換句話說，執票人是否是真正權利人、背書有無偽造等事項，付款人不必調查，以免加重付款人的調查義務，影響票據流通。但如果付款人有惡意或重大過失時，例如明知執票人不是真正權利人，付款人仍應自負其責（票據法第 71 條第 2 項）。

㈤付款的標的

票據為金錢證券，因此付款人應支付貨幣，不能以其他物品替代。如果匯票上記載的貨幣種類在付款地不適用，付款人可以按照付款當天的貨幣兌換率，以付款地通用的貨幣支付，但有特約者不在此限（票據法第 75 條第 1 項）。如果發票地與付款地所使用的貨幣，名稱相同而價值不同，則推定票據上記載的是付款地的貨幣（票據法第 75 條第 2 項）。付款原則上應支付全部的票面金額，但票據法規定付款人支付部分票款時，執票人不得拒絕（票據法第 73 條）。但現行交易習慣，不採用一部付款制度。

㈥付款的效力

1.付款人為全部給付時

　　付款人支付全部票據金額時，全部的票據權利皆消滅，發票人、付款人、背書人、保證人等票據債務人的責任，皆因此而免除。當付款人支付全部票據金額後，可以要求執票人在票據上記載「收訖」字樣後簽名，並交付票據（票據法第 74 條第 1 項）。

2.付款人為一部付款時

　　當付款人為一部付款時，則票據權利只有部分消滅。如果付款人僅支付部分票款，付款人可以要求執票人在票據上記載所收到的金額，並另給收據（票據法第 74 條第 2 項），對於未支付的部分，執票人應作成拒絕證書證明（票據法第 86 條第 1 項）。

　　本案中，匯票的到期日是 5 月 16 日，美好飾一時不察，在 5 月 15 日為付款，屬於到期日前的付款，所以美好飾的付款責任並未消滅，對真正權利人白月光仍負有付款義務。

習　題

◎選擇題

（　）1.波波收到一張匯票，發票日是 3 月 10 日，票據上記載
「發票日後一個半月付款」，則該張票據的到期日是：
(1) 4 月 23 日　(2) 4 月 24 日　(3) 4 月 25 日　(4) 4 月 26 日

（　）2.波波收到一張匯票，匯票上記載 4 月初付款，則該張票
據的到期日是：
(1) 4 月 1 日　　(2) 4 月 5 日
(3) 4 月 10 日　(4) 4 月 15 日前的任何一天皆可

（　）3.波波收到一張匯票，匯票上記載 5 月 32 日付款，則該張
票據的到期日是：
(1) 5 月 31 日　　　　　　　(2) 6 月 1 日
(3) 5 月 31 日或 6 月 1 日皆可　(4)該票據無效

（　）4.波波收到一張匯票，匯票上記載「見票即付」，則該張票
據的到期日是：
(1)發票日　(2)提示承兌日　(3)提示付款日　(4)以上皆非

（　）5.波波收到一張匯票，發票人是丁丁，付款人是拉拉，擔
當付款人艾艾，發票人的保證人奇奇，波波應向誰提示
付款？
(1)丁丁　(2)拉拉　(3)艾艾　(4)奇奇　(5)以上皆可

（　）6.承上題，受提示付款人經波波同意後，延緩付款，但最
多可延緩幾天？
(1)提示後二日為限　(2)提示後三日為限
(3)提示後五日為限　(4)提示後七日為限

（　）7.在什麼情形下，付款人付款後須自負其責？

　　⑴匯票未載發票日　⑵背書不連續

　　⑶到期日尚未屆至　⑷以上皆是

（　）8.丁丁簽發面額新臺幣 10 萬元匯票一張交付受款人波波，到期日為民國 112 年 7 月 1 日，指定拉拉為付款人，波波背書交付艾艾，波波並指定在付款地的奇奇為預備付款人，艾艾空白背書交付蒂蒂，蒂蒂交付樂樂，樂樂在 112 年 7 月 3 日向拉拉請求付款被拒，於作成拒絕證書後對艾艾追索，艾艾對樂樂有無抗辯事由？

　　⑴艾艾對樂樂無抗辯事由，因樂樂已遵期提示請求付款

　　⑵艾艾對樂樂有抗辯事由，因樂樂違反應向預備付款人為參加付款提示的規定

　　⑶艾艾對樂樂有抗辯事由，因背書不連續

　　⑷艾艾對樂樂有抗辯事由，因樂樂未遵期提示請求付款

（　）9.丁丁簽發面額新臺幣 10 萬元的匯票一張交付受款人波波，發票日為民國 112 年 2 月 1 日，到期日為民國 112 年 5 月 1 日，拉拉為付款人，波波背書交付艾艾，艾艾背書交付奇奇，奇奇於到期日向付款人拉拉提示請求付款，拉拉拒絕付款，奇奇於作成拒絕付款證書後有意對丁丁、波波、艾艾追索，此時第三人蒂蒂有意為波波參加付款，奇奇不認識蒂蒂，拒絕了蒂蒂參加付款，並對丁丁、波波、艾艾進行追索。試問：丁丁、波波、艾艾對奇奇是否得主張追索權喪失之抗辯事由？

　　⑴丁丁無抗辯事由，波波、艾艾均有抗辯事由

　　⑵丁丁、波波均無抗辯事由，艾艾有抗辯事由

(3)丁丁、波波、艾艾對奇奇均無抗辯事由

(4)丁丁、波波、艾艾對奇奇均有抗辯事由

第六節　參加付款

本節重點

◎當事人

```
         ┌ 當然參加人 ┌ 參加承兌人
         │           └ 預備付款人
┌ 參加人 ┼ 一般參加人
│        └ 優先參加人→能免除最多債務人者
└ 被參加人→直接受益的票據債務人
```

◎效力

```
┌ 執票人→執票人不得拒絕，否則對被參加人及後手喪失追索權
├ 參加付款人→取得執票人的權利
└ 被參加付款人的後手→免除責任
```

◎參加承兌與參加付款的比較

	是否須實際付款	參加人	是否為票據行為
參加付款	✓	承兌人外的第三人	✕
參加承兌	✕	票據債務人外的第三人	✓

本節目標

　　從參加付款之目的切入，使讀者了解參加付款制度，重點在參加付款之當事人及其法律效力。

案　例

　　白月光在民國 112 年 3 月 18 日簽發面額新臺幣 6 萬元、見票即付的匯票給伊森，以朱砂智為付款人，伊森將票據背書轉讓給誠涼涼，誠涼涼又背書轉讓給美好飾，美好飾向朱砂智提示付款時，朱砂智拒絕付款。喬安娜為使白月光免受追索，願意替白月光付款；席蒙為使伊森免受追索，願替伊森付款。

問　題

　　喬安娜、席蒙誰可付款？如果席蒙故意搶先喬安娜付款，會發生什麼結果？

說　明

　　喬安娜、席蒙誰可付款？如果席蒙故意搶先喬安娜付款，會發生什麼結果？

㈠參加付款的意義

　　票據遭拒絕承兌或付款時，為了特定票據債務人的利益，由付款人（承兌人）及擔當付款人以外的第三人向執票人付款，以阻止執票人行使追索權（不論是期前或期後追索），稱為參加付款。參加付款的人，稱為參加付款人；因參加付款而直接受益的票據債務人，稱為被參加付款人。

　1.參加付款與參加承兌不同

　　⑴參加付款是在阻止期前追索或到期追索；參加承兌則專為阻止期前追索。

　　⑵參加付款必須實際支付票面金額；參加承兌僅在到期日後付款人（承

兌人）或擔當付款人不為付款時，才須支付。

　　⑶參加付款除了付款人（承兌人）以外，任何人都可以；但參加承兌必須是票據債務人以外的第三人才可以。

　　⑷執票人不能拒絕參加付款；但參加承兌，除預備付款人參加承兌外，皆須得到執票人同意。

　　⑸參加付款只須拿出錢來，不須在票據上簽名，故不屬票據行為；但參加承兌是票據行為（參加承兌人在票據上簽名負擔票據上債務）。

2. 參加付款與付款不同

　　⑴參加付款是由付款人（承兌人）或擔當付款人以外的人所為；付款則由付款人（承兌人）或擔當付款人所為。

　　⑵不可一部參加付款；但依票據法規定可一部付款。

　　⑶參加付款僅能消滅部分票據關係（被參加人及其前手仍不能免除票據責任）；付款則能消滅全部票據關係。

3. 參加付款與民法第三人清償不同

　　⑴票據當事人不得事先禁止參加付款，執票人亦不可拒絕參加付款；民事債權債務關係中，當事人得以特約禁止第三人清償（民法第 311 條第 1 項但書），除第三人就債的履行有利害關係外，債權人可以拒絕第三人的清償（民法第 311 條第 2 項）。

　　⑵執票人拒絕參加付款時，對被參加人及其後手喪失追索權；債權人若任意拒絕第三人的清償，負遲延責任（民法第 234 條）。

　　⑶參加付款至遲須在拒絕證書作成期限的末日為之；但第三人清償則無一定的時間限制。

㈡參加付款的當事人

1. 參加人

　㈠當然參加人

付款人或擔當付款人拒絕在法定期限內付款，而票據上載有參加承兌人時，執票人應向參加承兌人為付款提示；無參加承兌人而有預備付款人時，執票人應向預備付款人提示付款（票據法第 79 條第 1 項）。參加承兌人或預備付款人拒絕付款時，執票人應請作成拒絕證書的機關，在拒絕證書上載明此事（票據法第 79 條第 2 項）。執票人未依上開規定為提示時，對被參加人與指定預備付款的人，及此等人的後手喪失追索權（票據法第 79 條第 3 項）。

故參加承兌人或預備付款人於參加付款為當然參加人。

　㈡一般參加人

由於參加付款必須實際支付票款，對票據權利人並不會產生不利，所以不論任何人皆可參加（票據法第 78 條第 1 項），此種參加又稱為任意參加。執票人拒絕參加付款時，對被參加人及其後手喪失追索權（票據法第 78 條第 2 項）。

　㈢優先參加人

請求參加付款者有數人時，為簡化票據關係並縮小追索權的範圍，能免除最多票據債務人責任的人，有優先參加付款的權利（票據法第 80 條第 1 項）。故意違反上述規定參加付款，對於因此而未能免除責任的票據債務人，喪失追索權（票據法第 80 條第 2 項）。如果能免除最多債務的人有數人時，應由受被參加人的委託者或預備付款人參加（票據法第 80 條第 3 項）。

2. 被參加人

就是參加付款中直接受益的特定票據債務人。

⒠**參加付款的時期**

參加付款應在執票人可行使追索權時為之，但最遲不可超過拒絕證書作成期限的末日（票據法第 77 條）。也就是應在拒絕付款（或承兌）日或其後五日內參加付款。如果執票人允許延期付款，則應在延期的末日或其後五日內參加付款（票據法第 87 條）。

⒡**參加付款的記載事項**

參加付款應在拒絕證書內記載（票據法第 82 條第 1 項），其記載事項票據法未作規定，解釋上應包括下列事項：

1. **參加付款的意思**
2. **被參加人的姓名**

載明被參加人的姓名才能確定參加人行使權利的範圍。漏未記載時，如果是由參加承兌人付款，則以被參加承兌人為被參加付款人；如果是由預備付款人參加付款，則以指定預備付款人的人為被參加人（票據法第 82 條第 2 項）；如果沒有參加承兌人或預備付款人，則以發票人為被參加人（票據法第 82 條第 3 項）。

3. **參加付款人簽名**

⒢**參加付款的效力**

1. **對執票人的效力**

執票人不得拒絕參加付款，否則對被參加人及其後手，喪失追索權（票據法第 78 條第 2 項）。參加付款後，執票人應將匯票、收款清單及拒絕證書交給參加付款人。執票人違反此一規定時，對參加付款人，負損害賠償責任（票據法第 83 條）。

2. **對參加付款人的效力**

參加付款人對承兌人、被參加付款人及其前手，取得執票人的權利，亦即取得付款請求權及追索權。但此時匯票既已遭拒絕承兌或拒絕付款，

則不應再流通，以免妨礙交易安全，所以不得將票據再背書轉讓給他人（票據法第 84 條第 1 項但書）。

參加付款人不是受被參加人的委託，而是自行參加時，應在參加後四日內將參加事由通知被參加人。參加人怠於通知，因而發生損害時，應負損害賠償責任（票據法第 82 條準用第 55 條）。

3. 對被參加人後手的效力

被參加人的後手，因參加付款而免除責任（票據法第 84 條第 2 項）。

本題中，如果由席蒙參加付款，只能免除誠涼涼的票據債務，但如果由喬安娜付款，則可免除伊森及誠涼涼的票據債務，所以應由喬安娜參加付款，喬安娜付款後，可向白月光行使追索權。如果席蒙故意搶先付款，則席蒙喪失對伊森、誠涼涼的追索權。又，美好飾不可以拒絕喬安娜參加付款，否則喪失對伊森、誠涼涼的追索權。

習 題

◎選擇題

丁丁簽了一張匯票給波波，以拉拉為付款人，波波把匯票背書轉讓給艾艾，艾艾又背書轉讓給奇奇。

（　）1.當奇奇向拉拉請求付款遭拒絕，誰可以參加付款？

　　　⑴丁丁　⑵波波　⑶艾艾　⑷蒂蒂　⑸以上皆可

（　）2.如果丁丁指定蒂蒂當預備付款人，倘拉拉拒絕付款，且奇奇忘記向蒂蒂請求參加付款時，對誰喪失追索權？

　　　⑴丁丁　⑵波波　⑶艾艾　⑷以上皆是

（　）3.如果蒂蒂自己跑來，願意替艾艾參加付款，而遭奇奇拒絕，奇奇對誰喪失追索權？

　　　⑴丁丁　⑵波波　⑶艾艾　⑷以上皆是

（　）4.如蒂蒂想為艾艾付款，而樂樂想為波波付款時，誰有優先參加付款的權利？

　　　⑴蒂蒂　⑵樂樂　⑶二人皆有　⑷二人皆無

（　）5.如果樂樂替波波參加付款後，樂樂可以向誰行使追索權？

　　　⑴丁丁　⑵艾艾　⑶奇奇　⑷以上皆可

（　）6.丁丁為匯票發票人，波波、艾艾和奇奇則先後依序簽名背書於匯票上。雖執票人迪西提示承兌時沒有遇到任何狀況，但請求付款時卻被拒絕。這時分別有蒂蒂和樂樂兩人請求對此匯票參加付款。樂樂明知蒂蒂已請求為波波參加付款，仍執意為奇奇參加付款且搶先掏錢付給迪西。樂樂參加付款後，可以向何人行使追索權？

　　　⑴承兌人、丁丁

　　　　　(2)承兌人、丁丁、波波

　　　　　(3)承兌人、丁丁、波波、艾艾

　　　　　(4)承兌人、丁丁、波波、奇奇

（　）7.丁丁簽發一紙到期日為民國 102 年 6 月 20 日的匯票給波波，指定拉拉為付款人。波波背書讓與艾艾，艾艾背書轉讓給奇奇，奇奇再背書轉讓給蒂蒂，並指定樂樂為預備付款人。蒂蒂於 6 月 10 日向拉拉提示承兌，沒有遇到任何狀況，但在到期日向拉拉提示付款時卻被拒絕。若蒂蒂遲至 6 月 27 日才向樂樂提示付款，則蒂蒂對下列何人無追索權？

　　　　(1)奇奇　(2)艾艾　(3)波波　(4)丁丁

第七節　追索權及相關票據文書

本節重點

◎追索權當事人

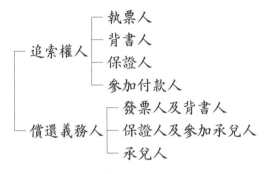

追索權人
├ 執票人
├ 背書人
├ 保證人
└ 參加付款人

償還義務人
├ 發票人及背書人
├ 保證人及參加承兌人
└ 承兌人

◎追索程序

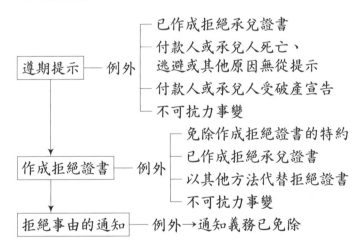

遵期提示 ── 例外
├ 已作成拒絕承兌證書
├ 付款人或承兌人死亡、逃避或其他原因無從提示
├ 付款人或承兌人受破產宣告
└ 不可抗力事變

作成拒絕證書 ── 例外
├ 免除作成拒絕證書的特約
├ 已作成拒絕承兌證書
├ 以其他方法代替拒絕證書
└ 不可抗力事變

拒絕事由的通知 ── 例外→通知義務已免除

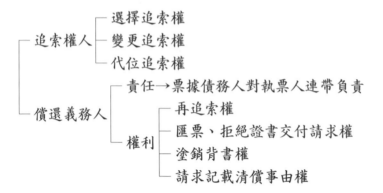

◎追索權的效力

```
┌ 追索權人 ┬ 選擇追索權
│         ├ 變更追索權
│         └ 代位追索權
│
└ 償還義務人 ┬ 責任→票據債務人對執票人連帶負責
            │
            └ 權利 ┬ 再追索權
                   ├ 匯票、拒絕證書交付請求權
                   ├ 塗銷背書權
                   └ 請求記載清償事由權
```

◎複本與謄本

	作成人	效　力	票據種類	發行份數
複本	發票人	有票據效力 （可為一切票據行為）	限於匯票	三　份
謄本	執票人	無票據效力 （僅可背書、保證）	匯票、本票均有	無限制

本節目標

　　1.票據追索權是票據法用以強化票據信用與流通的重要制度，也是票據法學習重點所在。本節重點置於追索權當事人、違反追索程序的效果及追索效力。

　　2.目前金融實務上，發票人簽發票據時，多為免除拒絕證書的記載，而金融業者也多以退票理由單代替拒絕證書，故僅須對拒絕證書有一概括了解即可。

　　3.目前實際交易中，幾乎無人使用複本、謄本，關於此部分規定，簡單了解即可。

案　例

　　美好飾簽發面額新臺幣 10 萬元的匯票給喬安娜，付款人為誠涼涼，發票日為民國 112 年 5 月 1 日，到期日為民國 112 年 6 月 22 日，伊森為保證人。喬安娜將匯票背書給白月光，白月光將匯票背書轉讓給李維斯，李維斯在民國 112 年 6 月 30 日向誠涼涼提示承兌遭拒，誠涼涼並在匯票上載明拒絕承兌的文字、日期並簽名。

問　題

一、李維斯可以向哪些人行使追索權？

二、除了直接行使追索權外，李維斯有無其他簡便的方法達到請求票款的目的？

三、誠涼涼在匯票上的記載產生何種法律上的效果？

四、匯票還有那些相關的文書？

說　明

一、李維斯可以向哪些人行使追索權？

㈠追索權的意義

　　票據不獲承兌、不獲付款或有其他法定原因時，執票人在行使或保全票據權利後，對發票人、背書人或其他票據債務人請求償還票據金額、利息、費用的權利，稱為追索權。票據制度是以當事人的信用為基礎，如果票據發生拒絕承兌或拒絕付款的情形，將損及執票人的權益，並影響票據的安定性，因此票據法特別設計出各種票據皆能適用的救濟制度：追索權，

使執票人能收回票據金額、利息及必要費用，以強化票據的信用與流通。執票人於不獲付款，對票據債務人行使追索權前，建議先就債務人的財產實施假扣押（民事訴訟法第 522 條），禁止債務人移轉、處分其財產，避免債務人趁機脫產。關於假扣押書狀格式，舉例如下：

為聲請裁定准予假扣押事

一、聲請事項

　　准聲請人提供擔保就債務人財產於新臺幣○○元範圍內實施假扣押。

二、聲請之原因事實

　　聲請人執有債務人○○○於○年○月○日簽發之○○○付款，面額新臺幣○○元整之匯票乙紙，經屆期提示，不獲付款，有拒絕證書（退票理由單）為憑。迭經催索，均置之不理，茲債務人出國在即，恐日後有不能強制執行或甚難執行之虞，故願提供擔保，以代釋明，聲請假扣押，特此狀請　鈞院裁定，以保債權，實為公便。

㈡追索權的種類

追索權因不同的分類標準，可分成下列幾種：

1.以追索權行使的時期，可以分為

⑴期前追索

有下列情形發生時，執票人在到期日前可行使追索權（票據法第 85 條第 2 項）：

①匯票遭拒絕承兌。

②付款人或承兌人死亡、逃避或其他原因無法為承兌或付款提示。

③付款人或承兌人受破產宣告。

⑵期後追索

匯票到期而遭拒絕付款時，執票人在行使或保全票據權利後，可以對

背書人、發票人及匯票上的其他債務人行使追索權（票據法第 85 條第 1 項）。

2.以追索權行使的主體，可分為

⑴**初次追索**

指最後執票人被拒絕承兌或拒絕付款後，對票據債務人所行使的追索權。

⑵**再次追索**

指被追索的票據債務人付款後，對其他票據債務人所行使的追索權。

㈢**追索權的當事人**

1.追索權人

⑴**執票人**

執票人是最初行使追索權的人。執票人可以不按照票據債務的先後次序，對發票人、承兌人、背書人及其他票據債務人中的一人或數人或全體行使追索權（見後述）。

⑵**背書人**

背書人因被追索而已清償付款時，可以向發票人、承兌人、前手及其他票據債務人行使追索權（票據法第 96 條第 4 項），但對該背書的後手沒有追索權（票據法第 99 條第 2 項）。在回頭背書的場合，如果執票人是發票人時，則對其前手也沒有追索權（票據法第 99 條第 1 項，詳見本章第二節）。

⑶**保證人**

保證人代替被保證人履行債務後，可以行使執票人對發票人、承兌人、被保證人及其前手的權利（票據法第 64 條）。

⑷**參加付款人**

參加付款人可以行使執票人對發票人、承兌人、被參加付款人及其前

手的權利（票據法第 84 條第 1 項）。

2.償還義務人

(1)發票人及背書人

背書人及發票人有擔保承兌及付款的責任（票據法第 29 條、第 39 條），所以是償還義務人。但如果背書人或發票人有免除擔保承兌的特約時，執票人不可以對其行使期前追索權。

(2)保證人及參加承兌人

保證人與被保證人負同一責任（票據法第 61 條第 1 項），而付款人或擔當付款人不在法定期限內付款時，應由參加承兌人負付款責任（票據法第 79 條第 1 項前段），所以保證人與參加承兌人皆是償還義務人。

(3)承兌人

依票據法的規定，發票人、承兌人與背書人相同，對執票人連帶負責（票據法第 96 條第 1 項），但追索權的行使對象，是否包括匯票承兌人，學者間有不同見解。從票據法第 64 條、第 96 條第 1 項、第 98 條及第 121 條等規定來看，匯票承兌人也是追索權的償還義務人。且因追索權有多數的背書人依次追索、累積期間，可能造成付款請求權已罹於時效，而追索權時效尚未完成的情形。故以匯票承兌人為追索權對象，有其必要性。

(四)追索的金額

追索權人可以請求的金額，因追索權人是最後執票人或被追索人，而有不同：

1.最後執票人向匯票債務人行使追索權時，可要求下列金額（票據法第 97 條）

(1)被拒絕承兌或付款的匯票金額，如有約定利息時，則包括利息。但若是在到期日前付款時，自付款日至到期日前的利息，應由匯票金額內扣除，無約定利率時，依年息六釐計算。

　　⑵自到期日起，如未約定利率時，依年息六釐計算的利息。

　　⑶作成拒絕證書與通知等必要費用。

2.被追索人清償後，向前手行使追索權時，可要求下列金額（票據法第 98 條第 1 項）

　　⑴所支付的總金額。

　　⑵前項金額的利息。

　　⑶所支出的必要費用。

　　由此可見，追索的次數越多，追索的金額就越大，所以追索權的行使，對各個被追索的當事人均相當不利。

㈤行使追索權的程序

　　行使追索權，必須遵守法律規定的程序：1.遵期提示；2.作成拒絕證書；3.將拒絕事由通知償還義務人，如違反法定程序，將導致喪失追索權或負損害賠償責任，詳細說明如下：

1.遵期提示

　　執票人必須在法定或約定的期限內提示承兌或提示付款（票據法第 44 條、第 45 條及第 69 條第 1 項）。匯票上縱使有免除作成拒絕證書的記載，執票人仍應在期限內提示承兌或付款（票據法第 95 條），惟由於有免除作成拒絕證書的記載，所以由主張執票人未遵期提示的人，負舉證責任（票據法第 95 條但書）。

　　執票人遇有下列情形時，例外地不必提示：

　　⑴執票人在法定或約定期限內提示承兌遭拒絕，經作成拒絕證書後，不必再提示付款（票據法第 88 條）。

　　⑵付款人或承兌人死亡、逃避，或其他原因，無法提示承兌（票據法第 85 條第 2 項第⑵款）。

　　⑶付款人或承兌人受破產宣告（票據法第 85 條第 2 項第⑶款）。

(4)執票人因不可抗力的事變，不能在所定期限內提示承兌或付款時，執票人應將此事迅速通知前手，並在事變終止後立即提示。若到期日起經過三十日事變仍未結束時，執票人可以直接行使追索權。如果執票人所持的票據是見票即付或見票後定期付款匯票，則上述三十日的期限，自執票人通知其前手之日起算（票據法第 105 條）。

2.作成拒絕證書

追索權的行使，除了遵期提示外，還必須作成拒絕證書，以證明執票人已遵期提示，或證明執票人因法定事由無法遵期提示（票據法第 86 條第 1 項）。付款人在票據正面或反面加蓋拒絕往來戶的戳記，或另外製作退票理由單，記明退票事由及日期，並加蓋印章者，實務上認為與拒絕證書有同一效力（最高法院 52 年度台上字第 1195 號判決）。

⑴作成拒絕證書的期限

執票人未在法定期限內作成拒絕證書時，喪失其追索權，至於作成拒絕證書的期限，因拒絕證書種類的不同，而有不同：

①拒絕承兌證書，應在提示承兌期限內作成（票據法第 87 條第 1 項）。

②拒絕付款證書，應在拒絕付款日或其後五日內作成，但執票人允許延期付款時，應在延期的末日或其後五日內作成（票據法第 87 條第 2 項）。

③無從為承兌或付款的拒絕證書，應在何時作成，票據法並無明文規定，解釋上應在承兌期限內或到期日前作成。

⑵例外情形

行使追索權以作成拒絕證書為原則，不作成為例外，例外情形有四：

①票據上有免除作成拒絕證書的記載：發票人為免除作成拒絕證書的記載時，執票人可不作成拒絕證書而直接行使追索權，但執票人仍請求作成拒絕證書時，應自己負擔費用（票據法第 94 條第 1 項、第 2 項）。如果是背書人為免除作成拒絕證書的記載時，僅對該背書人生效，即執票人向

該背書人行使追索權時，可不作成拒絕證書，但向其他票據債務人行使追索權時，仍應作成拒絕證書，並可向其他票據債務人請求該費用（票據法第 94 條第 3 項）。

②已作成拒絕承兌證書：已作成拒絕承兌證書時，不必提示付款，也不必再請求作成拒絕付款證書（票據法第 88 條）。

③以其他方式代替拒絕證書：

A.略式拒絕證書，即付款人或承兌人在匯票上記載提示日期，及全部或一部承兌或付款的拒絕，經其簽名後，與拒絕證書有同一效力（票據法第 86 條第 2 項）。

B.宣告破產裁定正本：付款人或承兌人破產，以宣告破產裁定的正本或節本證明之（票據法第 86 條第 3 項）。

④執票人遭遇不可抗力的事變，且到期日後三十日該事變仍未停止（票據法第 105 條第 4 項）。

3.拒絕事由的通知

為使被追索人能儘速知道執票人遭拒絕承兌或付款，以便採取必要的措施，所以票據法特別規定行使追索權的人，有通知票據債務人的義務：

⑴通知期限

執票人應在拒絕證書作成後四日內，將拒絕事由通知背書人、發票人及其他匯票債務人（票據法第 89 條第 1 項）。匯票上有免除作成拒絕證書的記載時，執票人應在拒絕承兌或付款後四日內為上述的通知（票據法第 89 條第 2 項）。背書人收到前項通知時，應在收到通知後四日內通知其前手（票據法第 89 條第 3 項）。如果背書人未在票據上記載住所，或記載不明而無法通知時，則直接通知背書人的前手（票據法第 89 條第 4 項）。因不可抗力的障礙（如天災），不能在前述期限內發出通知時，應在障礙終止後四日內通知（票據法第 92 條第 1 項）。

(2)通知的方法

通知可以用任何方法，如電報、信函、電話等，通知人如果主張自己已經在法定期限內為通知，應負舉證責任（票據法第 91 條第 1 項）。如果是用信函通知，且信封上收信人的地址沒有錯誤時，視為已經通知（票據法第 91 條第 2 項）。通知方法，實務上多以存證信函為之，以達成保存證據的目的。存證信函格式舉例如下：「台端於本年○月○日簽發之○○○付款，面額新臺幣○○元整之第○○號匯票乙紙，經本人於提示期間內前往提示，竟因存款不足退票，務祈於函到後○日內清償，以免訟累。」

(3)通知義務的免除

發票人、背書人及匯票上其他債務人，可以在前述通知期限內，免除執票人的通知義務（票據法第 90 條）。

(4)怠於通知的效果

未在法定期限內為通知，執票人仍可行使追索權，但因其怠於通知而造成損害時，應負損害賠償責任，惟其賠償金額不得超過匯票金額（票據法第 93 條）。所謂行使及保全票據權利的行為，是指遵期提示付款及作成拒絕證書而言，不包括將拒絕事由通知債務人，因執票人違反通知義務，僅負損害賠償責任，並不喪失追索權。

(六)追索權的效力

票據債權人行使追索權時，可以依照民事訴訟法第六編督促程序的規定，聲請本票付款地的法院，發支付命令給票據債務人，命令票據債務人在支付命令送達後二十日內，清償票據債務，並賠償程序費用（民事訴訟法第 508 條、510 條、514 條）。

票據債務人在支付命令送達後二十日內，可以不附理由向發命令的法院提出異議（民事訴訟法第 516 條），如果票據債務人沒有在法定期間內提出異議，則支付命令與確定判決有同一效力（民事訴訟法第 521 條），也就

是說，票據債務人如果不在法定期間內清償票款，票據債權人可以持該命令，向法院聲請強制執行票據債務人的財產。

票據債務人在法定期間內提起異議時，支付命令喪失效力，此時依法律規定，將票據債權人支付命令的聲請，視為起訴或聲請調解（民事訴訟法第 519 條第 1 項）。

1. 對追索權人的效力

(1)**選擇追索權**

執票人可不按照票據債務的次序，對發票人、承兌人、背書人及其他一切票據債務人的一人或數人或全體行使追索權（票據法第 96 條第 2 項），此亦稱為飛越追索權。例如喬安娜簽發一張匯票給戴娜，以路娜為付款人，戴娜提示承兌後將票據背書給孟娜，如果孟娜提示付款遭拒絕，可以直接向喬安娜或戴娜行使追索權，或對喬安娜、戴娜、路娜全體行使追索權。

(2)**變更追索權**

執票人對債務人的一人或數人已為追索時，對其他票據債務人仍得行使追索權（票據法第 96 條第 3 項），此亦稱為轉向追索。如上例中，孟娜先向戴娜行使追索權，又向喬安娜行使追索權。

(3)**代位追索權**

被追索人清償後，與執票人有同一權利，此亦稱再追索權（票據法第 96 條第 4 項）。如上例中，戴娜將金額支付給孟娜後，可向喬安娜、路娜行使追索權。

2. 對償還義務人的效力

(1)**償還義務人的責任**

發票人、承兌人、背書人及其他票據債務人，對執票人連帶負責（票據法第 96 條第 1 項）。也就是說，執票人未獲得清償前，每一個票據債務人都有支付全部票據金額的義務。

⑵償還義務人的權利

①再追索權：須注意回頭背書的特別規定（票據法第 99 條）。

②匯票、拒絕證書交付請求權：匯票債務人清償時，執票人應交出匯票；有拒絕證書時，應一併交出。票據債務人為清償時，如有支付利息、費用時，執票人應出具收據及償還計算書，以方便償還義務人向其前手行使再追索權（票據法第 100 條第 1 項、第 2 項）。

③塗銷背書權：背書人為清償時，可以塗銷自己及其後手的背書（票據法第 100 條第 3 項）。

④請求記載清償事由權：匯票金額遭一部拒絕承兌時，清償不獲承兌的部分的票據債務人，可以要求執票人在匯票上記載該事由，另行出具收據，並交出匯票的謄本及拒絕承兌證書（票據法第 101 條）。

㈦追索權的喪失

追索權因下列事由而喪失：

1. 票據權利的消滅時效完成（票據法第 22 條）。

2. 執票人拒絕參加付款（票據法第 78 條第 2 項）。

3. 執票人未向當然參加付款人提示付款，或向其提示付款遭拒，未作成拒絕證書（票據法第 79 條第 3 項）。

4. 參加付款人故意違反優先參加的規定，而搶先參加（票據法第 80 條第 2 項）。

5. 未在法定或約定期限內為行使或保全匯票權利的行為（票據法第 104 條），所謂保全匯票權利是指遵期提示或遵期做成拒絕證書。但若執票人遭遇不可抗力的事變，則有例外規定（見前述）。

本題中，李維斯可向美好飾（發票人）、喬安娜（背書人）、伊森（保證人）、白月光（背書人）中的一人或數人或全體行使追索權，至於誠涼涼，因其拒絕承兌，非票據債務人，所以李維斯不可向誠涼涼行使追索權。

李維斯雖已遵期提示承兌，但須有拒絕承兌證書（如本題之誠涼涼在匯票上載明拒絕承兌的文字、日期及簽名，詳如後述），才不會喪失追索權。此外，必須將拒絕承兌事由在期限內通知美好飾（發票人）、喬安娜（背書人）、伊森（保證人）、白月光（背書人），否則若這些人因李維斯未通知或未如期通知而受有損害，李維斯要負損害賠償責任。

二、除了直接行使追索權外，李維斯有無其他簡便的方法達到請求票款的目的？

㈠回頭匯票的意義

除了直接行使追索權外，李維斯還可發行回頭匯票。所謂回頭匯票，指有追索權的人，以原發票人或前背書的一人或其他票據債務人為付款人，向其住所所在地發行的見票即付的匯票（票據法第 102 條第 1 項），又稱為「還原匯票」或「回溯匯票」。發行回頭匯票的目的主要有二：1.節省追索權人的勞力、時間；2.回頭匯票發行後，可向金融業者貼現直接換取現金。

㈡回頭匯票的發行要件

1.發票人

回頭匯票的發票人必須是匯票執票人或其他有追索權的人。

2.付款人

回頭匯票的付款人必須是被追索人，即發票人、背書人或其他票據債務人。

3.付款地

回頭匯票的付款地必須是被追索人的住所地。

4.須無相反的特約

必須當事人間沒有禁止發行回頭匯票的約定（票據法第 102 條第 1 項但書）。

5.須發行見票即付的匯票

6.匯票金額應符合下列規定

(1)原匯票金額與回頭匯票的市價相同時

回頭匯票如果由執票人發行時,可加上發行回頭匯票的手續費及印花稅。如果是由再追索權人發行時,其金額除匯票金額、利息及必要費用外,還可加上經紀費及印花稅(票據法第 102 條第 2 項)。

(2)原匯票與回頭匯票的市價不同時

回頭匯票如果是由執票人發行時,其金額依原匯票付款地匯往前手所在地的見票即付匯票的市價決定,並以回頭匯票發票日的市價為準。回頭匯票如果是由背書人發行時,其金額依所在地匯往前手所在地的見票即付匯票的市價決定,並以回頭匯票發票日的市價為準(票據法第 103 條)。

本題中,票據當事人間並無禁止發行回頭匯票的約定,所以李維斯可以自己為發票人,以美好飾、喬安娜、伊森、白月光中的一人為匯票付款人,發行見票即付的匯票給自己(即以自己為受款人),票面金額為新臺幣十萬元加上利息及必要費用。

三、誠涼涼在匯票上的記載產生何種法律上的效果?

(一)拒絕證書的意義

拒絕證書,是證明執票人已依法行使或保全票據權利的行為及其結果的一種要式證書。凡票據遭拒絕承兌、或拒絕付款,或無法提示承兌時,必須作成拒絕證書,以保全票據權利,並以此作為行使追索權的依據。為明確表達票據遭拒絕的事實,並簡化證明程序,除票據法另有規定外,以拒絕證書為唯一的法定證明方式。

(二)拒絕證書的種類

拒絕證書依不同的區分標準,可分成下列幾種:

1.以作成方式區分

⑴**正式拒絕證書**

記載下列事項，由作成人簽名並蓋作成機關印章的拒絕證書，稱為正式拒絕證書（票據法第 107 條）：

①拒絕人及被拒絕人的姓名或商號。

②對拒絕人為請求而未得允許的情形，或無法見到拒絕人的事由，或拒絕人營業所、住所或居所不明的情形。

③請求遭拒絕的地點及日期。

④於法定地點外作成拒絕證書時，當事人雙方的同意。

⑤有參加承兌或參加付款時，參加的種類、參加人及被參加人的姓名或商號。

⑥拒絕證書作成的地點及日期。

⑵**略式拒絕證書**

由付款人或承兌人在匯票上記載提示日期，及全部或一部承兌或付款的拒絕，經其簽名，稱為略式拒絕證書（票據法第 86 條第 2 項）。

2.以其證明事實內容區分

⑴**拒絕付款證書**

還可分成全部拒絕付款證書及一部拒絕付款證書。此種拒絕證書，各種票據均有。

⑵**拒絕承兌證書**

還可分成全部拒絕承兌證書及一部拒絕承兌證書（票據法第 86 條第 1 項）。由於承兌制度為匯票所獨有，所以此種拒絕證書，只有匯票才有。

⑶**拒絕見票證書**

此種證書只有本票才有（詳見第三章）。

⑷拒絕交還複本證書

此種證書只有匯票才有（詳見後述）。

⑸拒絕交還原本證書

此種證書只有支票沒有（詳見後述）。

㈢拒絕證書的作成

拒絕證書應依下列規定作成：

1.作成機關

為拒絕承兌地或拒絕付款地的法院公證處、商會、或銀行公會。有製作拒絕證書權限者（票據法第 106 條），受作成拒絕證書的請求時，須就正式拒絕證書所應記載的事項，立即為必要的調查（票據法施行細則第 11 條）。票據法第 106 條定有拒絕證書之作成處所，惟當事人亦得依合意定其處所。

2.作成期限（詳如前述）

3.記載方法

拒絕證書的作成方法，因拒絕證書種類的不同而有不同：

⑴拒絕付款證書

拒絕付款證書應於匯票或其黏單上作成。匯票如有複本或謄本，僅須在複本中的一份或原本或其黏單上作成，但如果可以，應在各份複本或謄本上記載已作成拒絕證書的事由（票據法第 108 條）。

⑵付款拒絕證書以外的拒絕證書

付款拒絕證書以外的拒絕證書，應照匯票或其謄本作成抄本，在該抄本或其黏單上作成（票據法第 109 條）。

⑶拒絕交還原本證書

執票人以匯票的原本請求承兌或付款而遭拒絕，且未經返還原本時，拒絕證書應在謄本或其黏單上作成（票據法第 110 條）。

上述拒絕證書的作成，應接續匯票、複本或謄本上原有的最後記載。在黏單上作成時，並應在騎縫處簽名（票據法第 111 條）。

4.作成份數

對數人行使追索權時，只須作成一份拒絕證書（票據法第 112 條）。

5.拒絕證書的抄存

拒絕證書作成人應將證書原本交付執票人，並就證書全文另作成抄本存於事務所，以備原本滅失時使用。抄本與原本有同一效力（票據法第 113 條）。

本題中，誠涼涼在匯票上的記載，屬於略式拒絕證書，與正式拒絕證書有同一效力，所以李維斯不必再請求作成拒絕證書。

四、匯票還有那些相關的文書？

與匯票相關的文書，最主要有二：

㈠複　本

1.意　義

所謂複本，是就同一匯票關係所發行的數份證書，每一份都稱為複本。各份複本發行的時間可能不同，但相互間沒有主從之分。換句話說，每份複本各自獨立有效，且都具有流通性。

2.目　的

發行複本的目的主要有二：1.預防票據喪失；2.助長票據流通。票據喪失雖然可以按照法定程序救濟，但此種程序不僅手續繁雜且須經過相當長的時間，如果發行複本，可馬上以他份複本行使權利，較為簡便。且若匯票付款人與執票人的住所相隔較遠，則執票人請求付款人承兌時，必須經過較長的時間，在此期間，可用複本繼續流通。

3.複本應依下列規定發行

⑴當事人

複本的發行人以發票人為限。請求發行人為受款人及受款人以外的執票人。

⑵發行手續

匯票的受款人可自己負擔費用，請求發票人發行複本。但受款人以外的執票人請求發行複本時，必須依次經由其前手請求，並由其前手在各複本上為同樣的背書（票據法第 114 條第 1 項）。例如喬安娜簽發一張匯票給戴娜，戴娜背書給路娜，路娜背書給孟娜，孟娜請求發行複本時，應向路娜請求，再由路娜向戴娜請求，最後由戴娜向喬安娜請求，喬安娜作成複本後，必須由戴娜、路娜在複本上為同樣的背書。

⑶發行數量

請求發行的複本以三份為限（票據法第 114 條第 2 項）。

⑷記載事項

複本應記載與原本相同的文句，標明複本字樣，並編列號數。未經標明複本字樣並編列號數時，視為獨立的匯票（票據法第 115 條）。

4.複本的效力

⑴關於承兌的效力

各份複本均表示同一個票據權利義務關係，各份複本的效力相同。因此承兌人在一份複本上為承兌，其效力及於他份複本，在各份複本上均為承兌時，也只負擔一個付款責任。

⑵關於付款的效力

就數份複本中的一份付款時，其他複本均喪失效力，但承兌人對於經其承兌而未收回的複本，應自負其責（票據法第 116 條第 1 項）。換句話說，承兌人在付款時，雖然可以要求執票人交回經其承兌的各份複本，但

若承兌人未為此要求，也未收回全部複本，則承兌人對於善意取得經其承兌複本的人，仍負付款責任。

(3)關於轉讓的效力

匯票作成複本時，僅須在一份複本上背書，即生轉讓的效力，如果背書人將複本分別轉讓給二人以上時，對於經其背書而未收回的複本，仍負背書責任（票據法第 116 條第 2 項）。背書人將複本各份轉讓給同一人，該背書人為清償時，可請求執票人交出各份複本，但執票人已立保證或提供擔保時，不在此限（票據法第 116 條第 3 項）。

(4)拒絕交還複本的效力

為提示承兌而送出其中一份複本時，應在其他各份複本上載明接收人的姓名或商號、及其住址。匯票上有上述記載時，執票人得請求接收人交還其所接收的複本。接收人拒絕交還時，執票人除非能提出拒絕證書證明下列事項，否則不可行使追索權：①曾向接收人請求交還此項複本而未經其交還；②以其他複本提示承兌或付款，而遭拒絕（票據法第 117 條）。

(二)謄　本

1.意　義

所謂謄本，是票據原本的謄寫。謄本的作用也是預防票據遺失，助長票據流通。但謄本並非匯票，只是匯票的補充，所以謄本只能在原本提示承兌時，用來背書或作保證，不能用謄本提示承兌或付款。

2.謄本應依下列規定發行

(1)發行人

自受款人以下的執票人，均可發行謄本（票據法第 118 條第 1 項）。

(2)發行費用

發行費用由執票人負擔。

⑶記載事項

應標明謄本字樣，謄寫原本上的一切記載事項，並註明迄於何處為謄寫部分，例如「以上為謄寫部分」，以區別謄寫前與謄寫後的記載。執票人作成謄本時，應將已作成謄本一事，記載在原本（票據法第 118 條第 2 項、第 3 項）。

3.謄本的效力如下

⑴背書或保證

在謄本上所為的背書與保證，與在原本上所為的背書及保證，有同一效力（票據法第 118 條第 4 項）。

⑵追　索

為提示承兌而送出原本，應在謄本上載明原本接受人的姓名或商號及其住址。匯票上有前項記載時，執票人得請求接收人交還原本，以便將謄本併入原本，行使追索權。若接收人拒絕交還時，執票人應作成拒絕證書，證明其曾向接收人請求交還原本卻遭拒絕的事由，否則將喪失追索權。換句話說，執票人作成拒絕交還原本證書後，縱使未持有原本，也可僅憑謄本行使追索權（票據法第 119 條）。

習　題

◎選擇題

　　丁丁簽了一張以拉拉為付款人的匯票給波波，波波把匯票背書讓給艾艾，艾艾又背書轉讓給奇奇。

（　）1.奇奇在什麼時候可以行使追索權？

　　　　⑴拉拉拒絕承兌　　　⑵艾艾被宣告破產

　　　　⑶丁丁逃跑到國外　⑷以上皆可

（　）2.於前題奇奇可以行使追索權時,奇奇可以向誰行使追索權?

　　　　⑴丁丁　⑵波波　⑶艾艾　⑷以上均可

（　）3.奇奇不會因為下列那一事由而喪失追索權？

　　　　⑴未遵期提示　　　　　⑵未作成拒絕證書

　　　　⑶未將拒絕事由通知前手　⑷以上皆是

（　）4.如果奇奇想發行回頭匯票代替追索權的行使，她應該以誰為付款人？

　　　　⑴丁丁　⑵波波　⑶艾艾　⑷以上皆可

（　）5.如果拉拉拒絕承兌，奇奇應在何時作成拒絕承兌證書？

　　　　⑴提示承兌期限內　⑵付款期限內

　　　　⑶拒絕付款日或其後五日內

（　）6.如果拉拉拒絕付款，奇奇應在何時作成拒絕付款證書？

　　　　⑴提示承兌期限內　⑵付款期限內

　　　　⑶拒絕付款日或其後五日內

（　）7.本題中，誰有權發行複本？

　　　　⑴丁丁　⑵拉拉　⑶波波

　　　　⑷艾艾　⑸奇奇　⑹以上皆可

（　）8.在複本上可以為那些票據行為？

　　(1)承兌　(2)背書　(3)保證　(4)以上皆可

（　）9.本題中誰有權發行謄本？

　　(1)丁丁　(2)拉拉　(3)波波　(4)以上皆可

（　）10.在謄本上可以為那些票據行為？

　　(1)承兌　(2)參加承兌　(3)背書　(4)以上皆可

（　）11.丁丁簽發匯票一紙給波波，記載到期日為民國 102 年 2 月 30 日，波波隨即背書轉讓艾艾，艾艾於同年 3 月 2 日 提示未獲付款，於是起訴請求丁丁、波波連帶給付票款， 下列敘述何者正確？

　　(1)匯票到期日為曆法上不存在的日期，應將到期日解為 發票日，艾艾的提示合法

　　(2)匯票到期日為曆法上不存在的日期，應解為該月末日 為到期日，艾艾的提示合法

　　(3)匯票到期日曆法上不存在，欠缺應記載事項而成為無 效匯票

　　(4)曆法上不存在的到期日，應解為該月末日，艾艾的提 示逾期，對波波喪失追索權

（　）12.有關票據權利的行使與保全，下列敘述何者錯誤？

　　(1)即使匯票記載免除作成拒絕證書，執票人仍須於付款 提示期間內為付款提示

　　(2)匯票應於到期日或其後二日內為權利行使的提示，票 據法第 69 條第 1 項定有明文，惟此一規定於見票即付 匯票並無適用

　　(3)執票人若未依期限提示票據行使權利，則對背書人喪

失追索權

　　⑷拒絕證書，由執票人請求拒絕履行票據債務的票據債
　　　務人作成之

（　　）13.丁丁簽發面額新臺幣 100 萬元的匯票一張給波波，在承
　　　　兌後到期日前經波波背書轉讓給艾艾，艾艾在到期日前
　　　　背書轉讓予奇奇。試問下列敘述何者錯誤？

　　　　⑴若承兌人於到期日拒絕付款，則奇奇在拒絕證書作成
　　　　　後，可向波波、艾艾行使追索權

　　　　⑵奇奇行使追索權時，必須先向艾艾行使，行使無效果
　　　　　後，才可以向波波行使追索權

　　　　⑶若奇奇向波波行使追索權而無效果時，可以再向艾艾
　　　　　行使追索權

　　　　⑷若奇奇向艾艾行使追索權得到清償，艾艾於取得該匯
　　　　　票後，可以再向波波為追索，且追索的金額將高於艾
　　　　　艾自己清償給奇奇的金額

◎問答題

1.票據的償還義務人有那些？

2.行使追索權的程序？

◎解釋名詞

1.選擇追索權

2.變更追索權

3.代位追索權

4.略式拒絕證書

　　誠涼涼得知好友白月光轉行去臺東種有機金針。誠涼涼擔心她文弱女子種田不易，又沒有其他收入無法吃飽穿暖。於是，誠涼涼想給她一點「小心意」，但臺東對宅女誠涼涼似乎有點遠……

　　不知道如何是好的誠涼涼，於是上網找「谷歌大神」幫忙，谷歌大神傳授一招——

關於郵政匯票的幾點說明

　　1.郵政匯票是以匯款局為發票人，兌款局為付款人所簽發的匯票。例如誠涼涼從臺北的郵局匯款給在臺東的白月光，誠涼涼可以到臺北郵局，請求臺北郵局簽發以白月光為受款人、以臺東郵局為付款人的郵政匯票，然後將匯票郵寄給白月光，由白月光到臺東郵局請求承兌付款。

　　2.各級郵局及經指定的郵政代辦所均有辦理國內匯兌業務，至於各局所開發及兌付匯票的種類、匯費率及額度，由郵政儲金匯業局決定。

　　3.匯款人購買郵政匯票時，應先填寫匯票請購單，連同匯款及匯費一併交給匯款局，由匯款局發給匯票及匯費計數單，匯款人再自行將匯票裝在信封內寄出。

　　4.郵政匯票的領取：⑴受款人為個人，且匯票金額在新臺幣 1 萬元以下者，得憑受款人簽名或蓋章兌領。匯票金額在新臺幣 1 萬元以上者，須持國民身分證兌領。逾 1 萬元託人代領者，須攜帶受款人、代領人國民身分證、印章辦理。⑵受款人為公司、行號、團體時，須於匯票背面蓋與抬頭相符之印章，並持兌款人國民身分證、印章兌領。又，受款人姓名經核驗非本名，而係別號、筆名、法號或化名時，應提出係為其本人之相關證明，憑以兌付。

　　5.國內匯票的有效期間：郵政匯票受款人之兌領請求權，自發票日起算，三年間不行使，因時效而消滅（郵政儲金匯兌法第 22 條）。如果該郵

政匯票逾三年未經兌款者，中華郵政公司應通知匯款人領回，匯款人不得要求退還匯費。

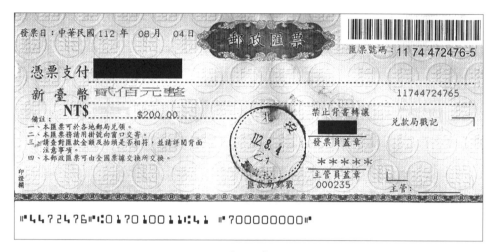

（正面）

（背面）

第三章　本　票

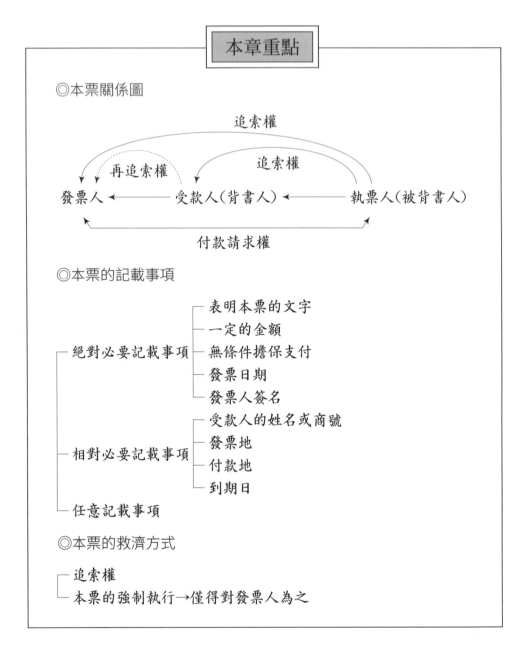

◎本票關係圖

◎本票的記載事項

絕對必要記載事項
— 表明本票的文字
— 一定的金額
— 無條件擔保支付
— 發票日期
— 發票人簽名

相對必要記載事項
— 受款人的姓名或商號
— 發票地
— 付款地
— 到期日

— 任意記載事項

◎本票的救濟方式

— 追索權
— 本票的強制執行→僅得對發票人為之

> ### 本章目標
>
> 　　使讀者了解本票的法律關係架構，重點則置於本票追索權的行使，特別是票據法第 123 條關於本票強制執行的規定。

● 案　例

　　曉紅莓在民國 112 年 4 月 1 日簽發二張本票，一張是面額新臺幣 200 元，未載到期日的空白本票，直接交給童禮心；一張是面額新臺幣 8,800 元，到期日為民國 112 年 7 月 1 日，保證人美好飾，受款人白月光。

◀ 問　題

一、童禮心所受領的本票是否為一張有效的本票？

二、票據法關於本票的「見票」有無特別規定？

三、白月光未獲付款時，應如何救濟？

四、本票可否準用匯票的規定？

五、何謂甲存本票？

■ 說　明

一、童禮心所受領的本票是否為一張有效的本票？

㈠本票的意義

　　所謂本票，指發票人簽發一定的金額，在指定的到期日，由自己無條件支付給受款人或執票人的票據（票據法第 3 條）。本票的當事人有二：發

票人與受款人，發票人本人即是付款人。此與匯票的當事人有發票人、受款人及付款人不同。

(二)本票的種類

本票因分類標準的不同，可分成下列幾種：

1.依受款人的記載方式區分

(1)記名式本票

本票上記載受款人姓名或商號。

(2)指定式本票

本票上記載「受款人或其指定人」。此種本票，發票人不得為禁止背書轉讓的記載。

(3)無記名式本票

本票上未記載受款人姓名。

2.依到期日的記載方式區分

(1)定期本票

本票上載明某年某月某日付款。

(2)計期本票

本票上記載自發票日後經過一定期間付款，例如「發票日後一個月付款新臺幣壹拾萬元整」。

(3)註期本票

本票上記載見票後定期付款，例如「見票後一個月付款新臺幣壹拾萬元整」。

(4)見票即付本票

本票上未記載到期日，執票人可隨時向發票人請求付款。

(三)本票的記載事項

依票據法規定，本票的記載事項如下：

1. 絕對必要記載事項

　　⑴**表明其為本票的文字（票據法第 120 條第 1 項第⑴款）**

　　⑵**一定的金額（票據法第 120 條第 1 項第⑵款）**

　　如果是見票即付的無記名式本票，由於此種本票十分容易兌現，有取代法定貨幣的可能，因此票據法對此種本票的金額設有限制，須在新臺幣 500 元以上，以免小額無記名本票充斥市面，破壞金融秩序及貨幣制度（票據法第 120 條第 6 項）。

　　⑶**無條件擔保支付（票據法第 120 條第 1 項⑷款）**

　　本票必須是發票人無條件支付，如附有條件，則該本票無效。

　　⑷**發票年月日（票據法第 120 條第 1 項第⑹款）**

　　⑸**發票人簽名（票據法第 120 條第 1 項本文）**

2. 相對必要記載事項

　　⑴**受款人的姓名或商號（票據法第 120 條第 1 項第⑶款）**

　　如未記載，則以執票人為受款人（票據法第 120 條第 3 項）。

　　⑵**發票地（票據法第 120 條第 1 項第⑸款）**

　　如未記載，則以發票人的營業所、住所或居所所在地為發票地（票據法第 120 條第 4 項）。

　　⑶**付款地（票據法第 120 條第 1 項第⑺款）**

　　如未記載，則以發票地為付款地（票據法第 120 條第 5 項）。

　　⑷**到期日（票據法 120 條第 1 項第⑻款）**

　　如未記載，則視為見票即付（票據法第 120 條第 2 項）。

3. 任意記載事項

　　⑴**擔當付款人（票據法第 124 條準用第 26 條第 1 項）**

　　本票付款人為方便付款，可委託他人代為付清，該他人稱為擔當付款人。而各行庫及信用合作社的甲種活期存款戶，委託該行庫為擔當付款人

而簽發的本票，稱為「甲存本票」，由於此種本票以金融機關作為擔當付款人，具較強信用力，一般交易人較樂於接受。委託金融業者為擔當付款人的本票，因票據法並無撤銷付款委託時間的限制，故發票人仍可隨時辦理撤銷付款委託。但撤銷付款委託，並不影響執票人向發票人請求付款的權利。且任意撤銷付款委託，將使發票人失信於付款銀行及執票人，付款銀行往往因發票人的任意撤銷付款委託而拒絕發給空白本票簿。

此外，若發票人在金融業者設支票存款戶，因簽發以金融業者為擔當付款人的本票，在提示期限經過前撤銷付款委託，經執票人提示所發生的退票，未辦妥清償註記，一年內達三張者，金融業者可以自票據交換所通報之日起算，終止擔當付款人的委託三年。（台灣票據交換所票據簽發、收受及退票之處理應注意事項）

　⑵**利息及利率（票據法第 124 條準用第 28 條）**

　⑶**禁止背書的記載（票據法第 124 條準用第 30 條第 2 項）**

　⑷**見票提示期限縮短或延長的特約（票據法第 124 條準用第 45 條第 2 項）**

　⑸**付款提示期限縮短或延長的特約（票據法第 124 條準用第 66 條第 2 項）**

　⑹**應給付貨幣種類及金額的特約（票據法第 124 條準用第 75 條第 1 項但書）**

　⑺**免除拒絕通知的特約（票據法第 124 條準用第 90 條）**

　⑻**免除作成拒絕證書的特約（票據法第 124 條準用第 94 條第 1 項）**

　⑼**禁發回頭本票的特約（票據法第 124 條準用第 102 條第 1 項但書）**

㈣**本票發票人的責任**

　本票發票人的責任，與匯票承兌人相同（票據法第 121 條）。即本票的發票人為主債務人，於發票後負絕對的付款責任，即使執票人不依法定期

限行使或保全票據上權利，在票據消滅時效完成前，發票人仍不能免除付款的責任。倘本票執票人未於到期日或其後 2 日內，為付款提示，對於發票人是否喪失追索權？關於此一問題，早期學者間或有不同意見，但實務採否定說。實務認為：本票發票人若已為合法發票行為，則對於執票人當然負到期付款的義務（最高法院 20 年上字第 1178 號判例）；也就是本票發票人為本票主債務人，應依其所簽發的本票文義負絕對付款責任（最高法院 90 年度臺上字第 846 號判決）。且票據法第 104 條所稱的前手並不包括匯票承兌人在內（最高法院 66 年度台上字第 670 號判決），而本票發票人與匯票承兌人均同屬票據主債務人，所以依同一法理，票據法第 104 條前手自不包括本票發票人。所以執票人怠於行使保全票據上權利時，發票人的債務原則上並不因此消滅（司法院 73 年廳民一字第 05000 號函）。

　　若本票執票人未向票上所載的擔當付款人為付款提示，而逕向發票人提示付款，經發票人表示無清償能力而作成拒絕證書，持票人能否向本票背書人行使追索權？就此問題，實務見解採否定說。實務認為為了維護本票的信用，避免當事人詐偽，持票人不向擔當付款人提示請求付款，應不生提示期限內合法提示的效力（司法院 73 年廳民一字第 0368 號函、臺北地方法院 99 年審抗字第 21 號民事裁定）。

(五)本票保證人的責任

　　依票據法第 124 條準用第 61 條規定，本票發票人的保證人與發票人負同一責任。

　　須注意本票的保證與民法上的保證並不相同。按票據法第 124 條準用同法第 59 至 61 條規定，在本票上記載保證的意思並簽名時，如果未載明被保證人，視為為發票人保證，與發票人負同一責任。然而本票的保證是附屬的票據行為，與民法上保證有所不同，所以不能直接認定票據上的保證人也負民法上保證責任。同理，不能以二人共同簽發本票的行為，直接

認定發票人中的一人，有為另一發票人本票以外的其他債務負連帶保證責任的意思（最高法院87年度台上字第1389號判決、高等法院103年度重上字第278號判決）。

　　此外，依票據法第124條準用第61條規定，本票發票人的保證人與發票人負同一責任，由於票據保證責任具有獨立性，所以縱使執票人曾准許發票人延期清償餘欠票款本息，保證人仍應負給付責任（最高法院64年台上字第2281號判決、新竹地方法院104年度簡上字第80號民事判決）。

　　本題中，童禮心所受領的是見票即付無記名本票，依票據法規定，此種本票的金額應在新臺幣500元以上，而該本票金額只有新臺幣200元，所以該本票無效。

二、票據法關於本票的「見票」有無特別規定？

㈠見票的意義

　　由於本票沒有提示承兌的制度，而見票後定期付款的本票，如果不為見票的提示，其到期日將無法確定，所以票據法特別設立見票制度。

　　「見票」是指本票發票人，為確定見票後定期付款本票的到期日起算點，於執票人提示時，在本票上記載「見票」字樣、日期並簽名的行為（票據法第122條第1項）。

㈡提示的期限

　　依票據法的規定，見票後定期付款的本票，應自發票日起六個月內為見票的提示，發票人可用特約縮短或延長該期限，但延長的期限不可超過六個月（票據法第122條第1項準用第45條）。發票人未記載見票日期時，應以所定提示期限的末日為見票日（票據法第122條第2項）。

㈢見票的效力

　　如果發票人在提示見票時拒絕簽名，執票人應在提示見票期限內請求

作成拒絕證書（票據法第 122 條第 3 項）。執票人依上述規定作成見票拒絕證書後，不必再提示付款，也不必再請求作成拒絕付款證書（票據法第 122 條第 4 項）。執票人未在法定或約定期限內為見票提示或未作成拒絕證書時，對發票人以外的前手喪失追索權（票據法第 124 條第 5 項）。

三、白月光未獲付款時，應如何救濟？

㈠本票強制執行的意義

　　本票執票人提示付款遭拒絕時，其救濟方法除了行使追索權外，票據法另設有強制執行制度。依票據法規定，本票執票人向發票人行使追索權時，可以聲請法院裁定後強制執行（也就是請求法院作出允許債權人強制執行的決定，並由法院代表國家行使公權力，直接強制拍賣債務人的財產，將拍賣所得的金錢交給債權人，使債權人的債權獲得清償）（票據法第 123 條）。

　　一般票據追索權的行使，須由執票人透過民事訴訟程序，取得法院勝訴判決，再拿著勝訴判決向法院提出強制執行的聲請（強制執行法第 4 條）。但從起訴到取得勝訴判決，往往需要數個月甚至數年，還需要繳納訴訟費用，對執票人來說，非常不便。票據法為了免除繁瑣的訴訟程序，並希望以此優點改變目前使用票據的習慣，期待能以本票代替遠期支票，特別設計本票強制執行制度。

㈡本票強制執行的相對人

　　本票強制執行的聲請人是執票人，且只能對本票發票人聲請強制執行。發票人以外的票據債務人，不適用本票強制執行的規定。本票執票人得否對發票人之保證人聲請強制執行之裁定？關於此點，實務採否定說。實務認為本票保證人依票據法第 124 條準用第 61 條，固然與被保證人負同一責任，但票據法第 123 條既然限定聲請強制執行的對象為本票發票人，則對

於本票發票人以外的保證人行使追索權時，不得類推適用該條規定（最高法院 50 年台抗字第 188 號判例、最高法院 74 年台抗字第 316 號裁定、高等法院 104 年度上訴字第 1514 號判決）。

又，本票執票人得否對發票人的繼承人聲請強制執行？此一問題視發票人於何時死亡有不同答案：

若發票人在聲請後死亡，依民法繼承編規定，除繼承人拋棄繼承外，發票人的票據債務，在遺產範圍內由繼承人承繼。所以執票人可對該繼承人財產，聲請強制執行裁定。

若發票人在聲請前死亡，實務採取否定說。實務認為票據法第 123 條規定，既限定執票人向發票人行使追索權時，才可以聲請法院為強制執行裁定，則對票據法第 123 條的適用，應採取嚴格解釋，也就是對發票人以外之人，不可以援用該條規定，聲請強制執行裁定（最高法院 77 年台抗字第 345 號裁定、最高法院 92 年台抗字第 241 號裁定）。

㈢本票強制執行的聲請

執票人可行使追索權時，才可行使本票強制執行的請求權。如果執票人行使的是付款請求權，此時執票人還未遭發票人拒絕見票或付款，如果允許執票人聲請法院裁定強制執行，對發票人的權利保護不周。所以必須執票人行使付款請求權遭拒絕後，才可請求法院裁定強制執行。執票人請求強制執行的金額，不可超過其行使追索權時所得請求的金額。至於本票約定有違約金時，該違約金不得聲請強制執行。

本票執票人遺失本票，經向法院聲請取得除權判決後，欲向發票人行使追索權，該除權判決可否代替本票原本，向法院聲請為強制執行裁定？此一問題，過去實務見解有紛歧，不過近來皆採肯定說。實務認為，持票人取得除權判決後，依民事訴訟法第 565 條第 1 項規定，聲請人對於依證券負義務的人可以主張證券上權利。而除權判決聲請人向本票發票人行使追

索權時，依票據法第 123 條規定聲請法院裁定後強制執行，就是對依證券負義務的發票人主張證券上權利。依民事訴訟法規定的目的，應解釋為可聲請法院裁定後強制執行才屬合理（最高法院 98 年台抗字第 710 號裁定、最高法院 98 年台抗字第 977 號裁定、高等法院暨所屬法院 100 年法律座談會民執類提案第 13 號、臺北地方法院 102 年度抗字第 113 號民事裁定）。

㈣本票強制執行的管轄法院

依非訟事件法規定,本票強制執行應由票據付款地的法院負責處理（法律上稱為「管轄」）（非訟事件法第 194 條第 1 項）。如果本票未記載付款地，則以發票地為付款地。如果本票也未記載發票地，則以發票人的住所地為付款地（票據法第 120 條第 4 項）。發票人有數人，而各人的住所、居所、營業所不在同一個法院的管轄區域內時，各該住所、居所、營業所所在地的法院，都有管轄權，應由受理在先的法院管轄。

㈤本票強制執行聲請時，本票發票人的救濟

法院在處理本票的強制執行事件時，只能就本票的形式作審查，確認本票執票人對於發票人有追索權（最高法院 51 年台抗字第 147 號判例）。例如絕對必要記載事項有無欠缺，有無作成拒絕證書等，如果形式要件沒有欠缺，法院應為許可強制執行的決定（法律上稱為「裁定」）。

發票人如果主張本票是偽造、變造，應在接到許可強制執行的裁定後二十日內，以執票人為被告，向法院提起確認票據債務不存在的訴訟。發票人如果能證明已依前述規定提起訴訟時，執行法院應停止強制執行。此時執票人可以提出相當擔保（即交出一筆錢給法院，當執票人敗訴時，法院即以該筆金錢作為提供賠償發票人損失的擔保），聲請法院繼續為強制執行，而發票人也可以提供相當擔保，聲請法院停止強制執行（非訟事件法第 195 條）。如果本票發票人提起訴訟後獲得勝訴判決，法院則不得繼續為強制執行（最高法院 68 年第 10 次民事庭庭推總會決議㈠）。詳細說明如下：

1.票據簽章有偽或票據債務不存在

執票人依票據法第 123 條規定，對本票發票人聲請法院裁定強制執行時，如果發票人對票據簽章的真正或票據債務是否存在有爭執時，法院仍應為准許強制執行裁定。此時發票人僅能提起確認票據債務不存在之訴作為救濟（最高法院 52 年台抗字第 163 號判例、最高法院 57 年台抗字第 76 號判例、最高法院 94 年台抗字第 311 號判例、最高法院 95 年台簡上字第 26 號判決）。

2.偽造、變造的本票

如果發票人主張本票是偽造、變造的，應在接到裁定後二十日內，向裁定法院對執票人提起確認票據債務不存在之訴，並提出已起訴的證明向執行法院聲明異議，以資救濟。此時執行法院應停止強制執行，但可依執票人聲請，允許執票人提供相當擔保，繼續強制執行，也可依發票人聲請，允許發票人提供相當擔保，停止強制執行（非訟事件法第 195 條）。

當發票人主張本票是偽造，依非訟事件法第 195 條規定，對執票人提起確認本票債權不存在之訴時，應由執票人舉證證明本票的真正（最高法院 50 年度台上字第 1659 號判例、最高法院 65 年度第 6 次民事庭庭推總會決議、高等法院臺中分院 90 年度上字第 202 號判決、高等法院臺中分院 107 年度上字第 81 號判決）。

3.聲請裁定中的其他抗辯

未載到期日的本票執票人聲請對發票人強制執行裁定時，針對本票發票人主張「提示日期已逾發票日後六個月」，實務認為這不是個有效的理由，不會因此駁回執票人的強制執行聲請。因為本票發票人所負付款責任，是第一次的絕對責任，執票人縱使不於付款提示期間內為付款提示，發票人仍然有付款責任。所以執票人聲請法院對發票人裁定強制執行，仍應予准許（司法院 73 年廳民一字第 574 號研究意見、高等法院 109 年度非抗字

第 17 號裁定、士林地方法院 110 年度抗字第 99 號裁定)。

㈥票據法第 123 條的效力

　　本票執票人依票據法第 123 條規定,聲請法院為准許強制執行裁定後,又將本票債權轉讓給第三人,該第三人是否可用該裁定為執行名義,聲請對發票人的財產為強制執行? 最高法院 75 年度第 2 次民事庭會議決議認為,關於確定裁定,並未準用民事訴訟法第 401 條第 1 項規定,所以准許強制執行裁定的效力,並不當然及於該第三人。該第三人不得以該裁定為執行名義,聲請對於票據債務人為強制執行。

　　但若是本票執票人聲請法院為准許強制執行裁定後死亡,則基於民法繼承的規定,其繼承人可以用該裁定為執行名義聲請強制執行。

㈦票據法第 123 條的範圍

　　本票未記載利息,執票人依票據法第 123 條規定聲請裁定強制執行時,是否可請求自到期日起的法定遲延利息?實務認為,本票執票人向發票人行使追索權的金額,除票面金額外,包括自到期日起的法定遲延利息在內(票據法第 124 條準用第 97 條第 1 項第(2)款),故執票人得聲請法定遲延利息(司法院非訟事件法令暨法律問題研究彙編㈡七、票據事件第三則、高等法院 106 年度非抗字第 78 號民事裁定、臺北地方法院 112 年度司票字第 1885 號民事裁定)。

　　白月光遭拒絕付款時,可以向曉紅莓、美好飾行使追索權,或向法院聲請對曉紅莓的財產進行強制執行的裁定。但強制執行裁定,只能對發票人曉紅莓聲請,不能對美好飾聲請。

四、本票可否準用匯票的規定?

　　依票據法的規定,下列事項,本票可準用匯票的規定(票據法第 124 條):

1. 發　票

關於發票，本票多已另有明文規定，但下列事項仍可準用匯票規定：

⑴本票未記載受款人時，執票人可以在無記名本票的空白內，記載自己或他人為受款人，變更為記名本票。

⑵本票發票人可以在付款人外，記載一人為擔當付款人。

⑶本票發票人可以記載票據金額的利息及利率。

2. 背　書

匯票關於背書的規定，除了背書人指定預備付款人（本票以發票人為付款人，背書人不須要再另行指定預備付款人）及背書人擔保承兌的部分（本票沒有承兌制度，所以背書人不必負擔保承兌的責任）外，於本票準用。

3. 保　證

匯票關於保證的規定，於本票準用。又，本票發票人責任，與匯票承兌人相同，所以關於「承兌人」的規定，應於本票發票人準用。

4. 到期日

匯票關於到期日的規定，於本票準用。但應特別注意票據法對見票後定期付款本票的規定。

5. 付　款

匯票關於付款的規定，除本票沒有參加承兌人或預備付款人外，於本票準用。

6. 參加付款

匯票關於參加付款的規定，除參加承兌人及預備付款人的部分外，於本票準用。

7. 追索權

匯票關於追索權的規定，除承兌部分外，於本票準用。

8.拒絕證書

匯票關於拒絕證書的規定，於本票準用。

9.謄 本

匯票關於謄本的規定，除承兌部分外，於本票準用。

五、何謂甲存本票？

1.指各行庫及信用合作社（經信用調查）後，為存戶開設的甲種活期存款帳戶。有甲種活期存款帳戶的存戶，可委託該行庫、信用合作社作為本票的擔當付款人，代付票款。換句話說，就是甲種存戶委託其往來的行庫、信用合作社作為擔當付款人，而簽發的本票。

2.甲存本票因有下列情事，故較一般本票更受歡迎

⑴票據交換：甲存本票因已指定行庫、信用合作社為擔當付款人，執票人可以在本票到期日將本票存入行庫帳戶，提出交換，在使用上較為便利。

⑵信用增強：在金融實務上，行庫、信用合作社在發給空白本票前，必定先對發票人的信用經過調查。且甲種活期存款戶內如果沒有充足的存款，所簽發的本票會遭退票。每位存戶遭退票三次，將被行庫、信用合作社拒絕往來。

⑶且甲存本票性質上仍為本票，亦可逕為強制執行，求償程序便捷迅速（票據法第 123 條）。

3.甲存本票的開戶相關事宜（支票開戶亦同）

中華民國銀行商業同業公會全國聯合會為便於會員銀行對支票存款戶的處理，特訂定「支票存款戶處理規範」，其中第 6 條規定：「銀行核准開戶之支票存款戶，均得委託該銀行為其所發本票之擔當付款人，就其支票存款戶內逕行代為付款。」以下就「支票存款戶處理規範」，以及台灣票據交換所「票據交換所建立支票存款戶基本資料檔組織型態歸類說明」相關

規定，針對甲存本票（支票）存款戶開戶事宜，作一簡單介紹。

銀行對甲存本票（支票）存款戶的處理：

⑴**申請人資格**

①個人、公司、行號、政府機關、學校、公營事業及其他團體，均得向銀行申請開立本票（支票）存款戶。

②有下列情事者，不得申請：

A.曾受拒絕往來處分，尚未解除。

B.無行為能力人、限制行為能力人及受輔助宣告人。

C.公司未取得經濟部核准公司登記。

D.行號未取得商業登記證明文件。

E.其他團體未取得主管機關登記證照或核准成立或備案的文件。

F.外國人在臺灣未設有住所者。

③個人應以本名開戶。

④公司應以法定名稱及負責人本名開戶。

⑤分公司應以本公司名義申請開戶，但得將分公司名稱併列於戶名內。

⑥不具法人資格的行號或團體，應以其負責人名義申請開戶，但行號或團體名稱可併列於戶名內。

⑵**申請程序**

①填具開戶申請書，檢附下列文件，由開戶銀行查閱：

A.以個人名義開戶者：本人身分證（外國人則為護照及居留證）及其正、反面影本一份。

B.以公司名義開戶者：公司登記證明文件（主管機關核准公司登記之核准函、公司設立變更登記表或公司登記證明書等），並至經濟部商工登記資料系統查詢公司登記，列印查詢結果備查。所謂負責人，指有關證照或文件上記載的負責人。

C.分公司申請開戶，應提出本公司授權分公司開戶的證明書。

D.行號應持有商業登記證明文件（如主管機關核准商業登記之核准函等）。

E.其他團體，應持有主管機關登記證照或核准成立或備案的文件。

F.政府機關、學校、公營事業申請開戶，應憑正式公文辦理。

②金融業者辦理徵信手續，經審查認可後，才准予開戶。

③簽訂本票存款往來約定書（當面親自簽名、蓋章）。

④留存本票存款印鑑卡（當面親自簽名、蓋章）。

⑤填具空白本票領取證，領取空白本票（支票）。

習 題

◎選擇題

（ ） 1.丁丁欲簽發一張本票，他可以指定拉拉當：

　　(1)承兌人　(2)預備付款人　(3)擔當付款人　(4)發票人

（ ） 2.奇奇接到一張丁丁簽發、拉拉背書、艾艾為波波作保證的

　　「見票後三個月付款」本票，奇奇應向誰為見票的提示？

　　(1)丁丁　(2)拉拉　(3)艾艾　(4)波波

（ ） 3.承上題，奇奇應自發票日起多久時間內為見票提示？

　　(1)四個月　(2)六個月　(3)一年　(4)三年

（ ） 4.承第二題，如果奇奇提示付款遭拒絕時，她可以聲請法

　　院對誰為強制執行的裁定？

　　(1)丁丁　(2)拉拉　(3)艾艾　(4)波波　(5)以上均可

（ ） 5.承上題，奇奇應向那一個法院聲請強制執行裁定？

　　(1)丁丁住所地的法院　(2)發票地的法院

　　(3)付款地的法院　　　(4)奇奇住所地的法院

（ ） 6.丁丁簽發一張發票日民國 112 年 2 月 2 日，見票後一個月

　　付款的本票給拉拉，拉拉在民國 112 年 4 月中某日向丁丁

　　為見票提示，提示後丁丁於本票上簽名及記載見票字樣，

　　但丁丁並未記載見票日期，則此本票到期日應為何日？

　　(1)民國 112 年 9 月 2 日　(2)民國 112 年 8 月 2 日

　　(3)民國 112 年 5 月 31 日　(4)民國 112 年 5 月 15 日

　　(5)無從確定到期日，視為見票即付

（ ） 7.丁丁簽發一張以拉拉為受款人見票即付的本票，並指定

　　大樹銀行為擔當付款人。下列敘述，何者正確？

(1)拉拉只能向大樹銀行請求付款，如被退票時，拉拉不能向丁丁行使追索權

(2)大樹銀行和本票發票人都是本票主債務人，如果丁丁存款不足被退票時，拉拉可對大樹銀行及丁丁行使追索權

(3)發票人不得向大樹銀行撤銷付款委託

(4)大樹銀行不是票據債務人，丁丁要負付款責任

（　）8.丁丁向拉拉購貨，簽發發票日為民國 112 年 2 月 1 日，見票後三個月半付款之本票一張交付拉拉。拉拉背書交付波波，波波又背書交付奇奇。奇奇在民國 112 年 2 月 15 日向發票人丁丁為見票提示，丁丁記載見票字樣並簽名，但未記載見票日期。忙碌的奇奇在民國 112 年 11 月 20 日向丁丁提示請求付款不獲付款，作成拒絕證書後於翌日對丁丁、拉拉追索。丁丁、拉拉對奇奇有無抗辯事由？

(1)丁丁、拉拉對奇奇均無抗辯事由

(2)丁丁對奇奇無抗辯事由，拉拉對奇奇有抗辯事由

(3)丁丁對奇奇有抗辯事由，拉拉對奇奇無抗辯事由

(4)丁丁、拉拉對奇奇均有抗辯事由

◎問答題

1.本票的當事人與匯票的當事人有何不同？

2.本票漏未記載發票日及發票地的效果為何？

3.丁丁假冒拉拉，以拉拉的名字簽發一張本票給波波，波波向拉拉請求付款遭拒絕，波波取得法院強制執行裁定後，欲強制執行拉拉的財產，此時拉拉應該怎麼辦？

第四章 支 票

本章重點

◎支票關係圖

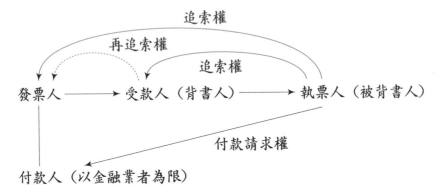

◎支票的種類

- 一般支票
- 保付支票
- 平行線支票 ┬ 普通平行線
　　　　　　　└ 特別平行線

◎支票提示期限

發票地與付款地	發票日	始期	提示期限	終期	備註
同一省（市）新北市板橋區→彰化縣	112年9月3日	112年9月4日	七日	112年9月11日	由於期限之末日9月10日為國定例假日，所以順延一天
不同省（市）臺北市→臺東縣	112年10月9日	112年10月10日	十五日	112年10月24日	
發票地在國外美國紐約→高雄市	112年11月15日	112年11月16日	二個月	113年1月15日	

◎支票與匯票、本票的區別

	支 票	匯 票	本 票
性 質	支付證券	信用證券	信用證券
當事人	發票人、受款人、付款人（限金融業者）	發票人、受款人、付款人（資格不限）	發票人、受款人
發票人的責任	擔保支付	擔保承兌與付款	擔保付款
保證制度	無	有	有

本章目標

　　1.使讀者了解支票的基本規定，側重於支票的付款，特別是支票的提示期限、保付支票與平行線支票，並分析支票與其他票據的不同。

　　2.使讀者對支票金融實務有簡單的了解。

案　例

　　誠涼涼在民國 112 年 9 月 8 日收到二張支票，一張是伊森所簽發，面額新臺幣 10 萬元，發票日為民國 112 年 9 月 22 日的支票，但是伊森在民國 112 年 9 月 8 日去世；一張是美好飾所簽發，面額新臺幣 5 萬元的支票，該支票的左上角畫有二道平行線，平行線內記載培虔顧問公司。

問　題

一、伊森所簽發的支票，是否為一張有效的支票？

二、誠涼涼應如何取得美好飾所簽發支票的票款？

三、支票有那些事項可準用匯票的規定？

四、金融實務上關於支票退票與拒絕往來的規定為何？

說　明

一、伊森所簽發的支票，是否為一張有效的支票？

㈠支票的意義

　　所謂支票，指執票人簽發一定的金額，委託金融業者於見票時，無條件支付受款人或執票人的票據（票據法第 4 條第 1 項）。而金融業者，指經財政部核准辦理支票存款業務的銀行、信用合作社、農會及漁會（票據法第 4 條第 2 項）。支票上所記載的付款人，如果不是票據法第 4 條所定的金融業者，例如以未經財政部核准辦理支票存款業務的農漁會為付款人，即不能適用票據法關於支票的規定，只能視為民法上的指示證券，而民法的指示證券，並無如票據法第 5 條第 1 項在票據上簽名者，依票上所載文義負責，或票據法第 127 條發票人應照支票文義，擔保支票支付等相同的規定。此時，執票人只能向發票人或背書人請求清償其原有債務，或請求償還不當得利，而不能持該支票請求發票人及背書人連帶給付票據。至於發票人以票據法第 4 條所定的金融業者為付款人，但未事先與該金融業者成立資金關係（即發票人不是票上記載金融業者的支票存款戶），該支票仍具票據法上的效力，是一張有效的支票，發票人仍負票據上責任。須注意的是，公庫支票的付款人為公庫，而非一般金融業者或信用合作社，所以公庫支票不是票據法上的支票，只是民法上指示證券的一種。

　　銀行、信用合作社、農會或漁會所以願意替支票的發票人付款，是因

為該金融業者與支票發票人間訂有契約：支票發票人先與金融業者簽訂「支票存款往來約定書」，開設支票存款帳戶（甲種活期存款帳戶，或稱為甲存帳戶），而後將錢存入帳戶，並約定由帳戶設立人簽發支票，委託金融業者於見票時，無條件支付受款人或執票人，此種支票發票人與金融業者間的契約，一般稱為「甲種活期存款往來契約」。

　　甲種活期存款往來契約，是一種非典型契約（也就是說，民法債編各論所規定的契約類型中，並沒有一種契約直接稱為甲種活期存款往來契約），其法律性質基本上包括：

　　　1.消費寄託：發票人將金錢存入金融業者，並將金錢的所有權移轉給金融業者，以便金融業者支付票款。

　　　2.委任契約：發票人委託金融業者，在見到發票人所簽發的支票時，無條件付款給受款人或執票人。

　　支票雖是委託第三人付款，但付款人限於金融業者，與匯票可委託任何第三人為付款人不同，也與本票由發票人本人支付不同。支票是支付證券，與匯票、本票為信用證券不同，因此支票限於見票即付，也沒有記載利息、利率的問題；而匯票、本票則不限於見票即付，可以將來確定或可得確定的日期為到期日，也可記載利息、利率。

(二)支票的種類

　　支票依不同分類標準可分成下列幾種：

1. 記名式支票、指定式支票、無記名支票（此與匯票、本票的分類相同，詳見前二章）

2. 對己支票、指己支票、受付支票

(1)對己支票

　　發票人得以自己為付款人，稱為對己支票。由於支票的付款人限於金融業者，所以對己支票的發票人也限於金融業者。

⑵指己支票

發票人以自己為受款人。

⑶受付支票

發票人以付款人為受款人。此種支票的付款人與受款人相同，付款人既然必須是金融業者，則受款人也必須是金融業者。

3.一般支票、保付支票、平行線支票

支票依其提示過程是否特殊，付款人是否保證一定支付票面金額，可分為普通支票、保付支票與平行線支票（詳後述）。

㈢支票的記載事項

依票據法規定，支票的記載事項如下：

1.絕對必要記載事項

⑴表明其為支票的文字（票據法第 125 條第 1 項第⑴款）

⑵一定的金額（票據法第 125 條第 1 項第⑵款）

⑶付款人的商號（票據法第 125 條第 1 項第⑶款、第 127 條）

⑷無條件支付的委託（票據法第 125 條第 1 項第⑸款）

若附有條件，該支票無效。

⑸發票年月日（票據法第 125 條第 1 項第⑺款）

發票日期只要形式上有記載即可，至於發票人是否確實在該日簽發支票，則非所問。以實際發票日後的特定日期作為發票日的支票，一般稱為「遠期支票」，由於支票所載的發票日，只是行使票據權利的限制（也就是禁止執票人在發票日前提示付款），而非票據關係成立的日期（票據關係的成立日期，應是發票人實際付款日），所以遠期支票不因發票人在票載發票日前死亡而無效。

⑹付款地（票據法第 125 條第 1 項第⑻款）

支票不記載付款地，則無法決定提示期限，所以付款地是支票的絕對

必要記載事項。付款地只能有一個，不可以記載二個以上。

⑺**發票人簽名（票據法第 125 條第 1 項本文）**

發票人簽名的位置，雖然票據法未明文規定，但必須在記載事項以外的其他適當位置，如果在支票記載的金額上加蓋印章，在一般社會通常觀念中，屬於防止塗改票據金額的方法，而非發票行為的簽名。

目前金融實務，依支票存款戶處理規範第 3 條，以及台灣票據交換所「票據交換所建立支票存款戶基本資料檔組織型態歸類說明」，銀行在存款戶開戶時，應要求存戶將真實姓名、生日及身分證字號在開戶申請書內填明，如果是商號存款，應填明負責人姓名、生日及身分證字號。因開戶必須使用本名，所以簽發以金融業者為擔當付款人的支票時，也應用本名，否則退票（非票據無效，發票人仍負票據上責任）。

2.相對必要記載事項

⑴**受款人的姓名或商號（票據法第 125 條第 1 項⑷款）**

未記載受款人時，以執票人為受款人（票據法第 125 條第 2 項）。

⑵**發票地（票據法第 125 條第 1 項⑹款）**

未記載發票地時，以發票人的營業所、住所或居所為發票地（票據法第 125 條第 3 項）。

3.任意記載事項

⑴**平行線的記載（票據法第 139 條第 1 項、第 2 項）**

支票正面劃有二道平行線時，付款人僅可對金融業者付款；平行線內記載特定金融業者時，付款人僅可對該特定金融業者付款。

⑵**禁止背書轉讓的記載（票據法第 144 條準用第 30 條第 2 項）**

⑶**給付貨幣種類及金額的記載（票據法第 144 條準用第 75 條）**

⑷**免除拒絕通知的記載（票據法第 144 條準用第 90 條）**

⑸**免除拒絕證書的記載（票據法第 144 條準用第 94 條）**

　　⑹禁止發行回頭支票的記載（票據法第 144 條準用第 102 條第 1 項但書）

㈣支票發票人的責任

　　票據法規定，發票人應按照支票記載事項擔保支票的支付。所謂擔保支票的支付，指擔保付款人必定付款。如果付款人未付款，發票人應負償還的責任。但如果支票經付款人保付後，則發票人的責任因而免除。

　　發票人雖在提示期限經過後，對於執票人仍負責任（票據法第 126 條），但執票人怠於提示，致發票人遭受損失時，執票人應負賠償責任，惟其賠償金額不得超過票面金額（票據法第 134 條）。又為了保護執票人的利益，維護票據信用，發票人在付款提示期間不可以撤銷付款的委託（票據法第 135 條）。

　　支票發票人的責任性質，究屬主債務人，或償還義務人，學說向有爭執。從提示期限經過，發票人對於執票人仍負責任來看，支票發票人負絕對付款責任，是主債務人。但票據法第 130 條、第 131 條第 1 項及第 144 條準用第 95 條及第 133 條等規定，支票執票人必須向付款人提示付款，當付款提示被拒絕後，才能向發票人行使追索權。從此點來看，支票發票人似乎只負償還義務人的法定擔保責任。然不論學說上的爭執哪一說有道理，本書認為學習重點應擺在不論支票執票人是否遵期提示，只要提示付款被拒絕，發票人就有付款責任。只是當執票人怠於提示，對發票人可能受到的損害負賠償責任。

㈤票據刑罰的廢除

　　過去票據法曾規定：發票人無存款、或故意簽發超過存款數額的支票、或故意取回存款的全部或一部，以致執票人遭拒絕付款時（此種支票一般稱為「空頭支票」），應科以刑事處罰。但刑罰越重，違反票據刑罰規定的人反而越多。更有些人假借他人名義簽發支票詐財，自己逍遙法外，卻害

無辜的人入獄，所以在民國 75 年廢除票據刑罰。從此以後，空頭支票案件大量減少。而單純的支票票據債務不履行，執票人只能依民法上債務不履行的規定為請求，至於以支票為詐欺工具者，則依刑法詐欺罪論罪科刑。

支票發票人因存款不足或發票人簽章不符被退票，而一年內未經註銷的退票紀錄超過三張時（詳見「辦理退票及拒絕往來相關事項約定書」範本），將被金融業者視為拒絕往來戶，不得再使用支票，必須等到拒絕往來期間屆滿後，才能重新聲請支票。拒絕往來戶的期間為三年（票信管理新制）。

本題中，伊森在民國 112 年 9 月 7 日簽發支票，而支票上記載的發票日是民國 112 年 9 月 22 日，雖然實際發票日與票載發票日不同，該支票仍是一張有效的支票。誠涼涼向金融業者提示付款時，如果金融業者已收到伊森的死亡通知，則金融業者將凍結伊森的帳戶並停止對外付款，誠涼涼勢必無法獲得票款，此時誠涼涼可向其他票據債務人或伊森的繼承人行使追索權。

二、誠涼涼應如何取得美好飾所簽發支票的票款？

支票的付款，因支票種類的不同，而有不同的付款規定，說明如下：

㈠一般支票

1.付款時期

支票限於見票即付，有相反的記載時，該記載無效（票據法第 128 條第 1 項）。由於支票為見票即付，所以不得延期付款，也不得期前請求付款（票據法第 128 條第 2 項）。

2.付款的提示

匯票、本票須在到期日或其後二日內為付款的提示，而支票則視發票地與付款地的不同而有差異。依票據法規定，支票執票人應在下列期限內

為付款的提示（票據法第 130 條）：

⑴發票地與付款地在同一省（市）區內者，應在發票日後七日內提示

發票地與付款地，應以票據上所記載的為準。而所謂同一省（市），是以是否在同一省或與省同級的直轄市為準，例如發票地是基隆市，付款地是彰化縣，同屬臺灣省（臺灣省目前虛級化但並未正式在法制中廢除）。

⑵發票地與付款地在不同一省（市）區內者，應在發票日後十五日內提示

例如發票地是新北市三重區，付款地是臺北市。

⑶發票地在國外，付款地在國內者，發票日後二個月內提示

例如發票地在德國，付款地在臺北市。

執票人在法定提示期限內為付款的提示而被拒絕時，可以對前手行使追索權，但應在拒絕付款日或其後五日，請求作成拒絕證書。拒絕證書的作成，與匯票相同；付款人在支票或黏單上記載拒絕文句、日期並簽名時，與拒絕證書有同一效力（票據法第 131 條）。

執票人未遵期為付款提示，或未作成拒絕證書時，對發票人以外的前手喪失追索權（票據法第 132 條）。換句話說，縱使執票人未遵期提示或未作成拒絕證書，仍然可以對發票人行使權利。但執票人怠於提示，致發票人受有損害時，執票人應負損害賠償責任，其賠償金額不得超過票面金額。

3.不得付款的情形

若執票人未遵期提示，只對發票人以外的前手喪失追索權，發票人在提示期限經過後仍負票據上責任；付款人受發票人的委託負有付款義務，為了免除發票人的責任，付款人在提示期限經過後仍可付款。但有下列情形時，除了保付支票外，付款人不可以付款，否則對發票人負損害賠償責任（票據法第 136 條）：

⑴發票人撤銷付款的委託

依票據法規定，發票人在法定提示期限內，不得撤銷付款的委託，但提示期限經過後，自可撤銷付款委託，此時付款人應受撤銷委託的拘束。支票提示期限經過後，不問存款餘額多少，皆可撤銷付款委託（但任意撤銷委託付款，將影響付款銀行對發票人的信用評估）。

支票存款戶受票據交換所拒絕往來處分後，與銀行間的委任關係即告終止，已無再辦理撤銷付款委託的依據，付款銀行將不予受理。

撤銷委託付款與止付通知的不同：

	撤銷委託付款	止付通知
主體	限於發票人	票據權利人
客體	支票（甲存本票可類推適用）	匯票、本票、支票
原因	無	票據喪失
限制	1.已為止付即不得再撤銷委託付款（止付通知失效後，則不受限制） 2.法定提示期限內不可撤銷委託付款	僅得為一次止付通知
效力	只禁止付款人就特定票據付款，該票據仍屬有效	可以進一步透過除權判決宣告該票據無效

⑵發行已滿一年

執票人對發票人的票據權利，一年不行使即因時效而消滅。支票權利既已消滅，付款人就不可再為付款。

4.付款的方法

⑴現實付款

就是支付金錢。支票可以一部付款，此時執票人應在支票上記明實際收到的金額（票據法第 137 條）。

⑵轉帳或抵銷

付款人以支票轉帳或為抵銷，視為支票的付款。例如喬安娜、戴娜二

人均在玉山銀行設有甲種存款戶頭，如果喬安娜簽發以玉山銀行為付款人的支票給戴娜，戴娜可以請求玉山銀行直接將票面金額轉入自己的帳戶中。又如戴娜欠玉山銀行一筆錢，則戴娜可以簽發一張受付支票給玉山銀行，玉山銀行可以利用抵銷的方法代替現實付款。

5.付款人的責任

支票的付款人並未在票據上簽名，不必依票據記載事項負責，對執票人並無法律上的義務，此點與匯票的承兌人不同。但票據法為保護執票人的利益，特別規定付款人有按照約定支付票據金額的義務。也就是說，當發票人的存款或信用契約所約定的數額，足以支付支票金額時，付款人負付款責任，但付款人收到發票人受破產宣告的通知時，不在此限（票據法第143條）。如果付款人違反前述規定拒絕付款時，負給付遲延的損害賠償責任。

(二)保付支票

所謂保付支票，指付款人在支票上記載照付或保付或其他同義字樣，由付款人簽名，並負絕對付款責任的支票（票據法第138條第1項）。保付支票的作用，在於加強支票的信用與流通。

保付行為屬於票據行為的一種，除應依規定記載「照付」或「保付」或其他同義字樣外，並須由付款人簽名。票據法並未規定支票的保付應記載在何處，所以在支票的正面或背面為保付，均有效。

保付的效力可分三方面加以說明：

1.對保付人的效力

保付人的付款責任與匯票承兌人的付款責任相同，支票一經保付後，保付人即成為唯一、絕對的票據債務人（票據法第138條第1項後段），且支票發行縱使滿一年，保付人仍負付款責任（票據法第138條第4項）。

2.對發票人及背書人的效力

付款人為保付記載後，發票人及背書人的票據上責任因此免除（票據法第 138 條第 2 項）。縱使保付人不付款，執票人也不能向發票人或背書人行使追索權，此點與匯票的承兌不同。

3.對執票人的效力

⑴不得為止付通知

保付支票的付款人負絕對的付款責任，支票一經保付就相當於現金，執票人縱使不慎遺失也只能自己負責，不可以為止付通知（票據法第 138 條第 4 項）。

⑵不受提示期限的限制

即使提示期限經過，保付人仍應付款，此點與匯票的承兌不同（票據法第 138 條第 4 項）。

4.支票保付與匯票承兌的不同

	支票保付	匯票承兌
資金關係	須在資金關係範圍內為保付	不以資金關係存在為必要
提示期限	不受法定提示期限的限制	須於到期日或其後二日內為提示
拒絕效果	執票人不得向發票人及背書人行使追索權	執票人得行使追索權
票據喪失	不可止付	可止付

㈢平行線支票

所謂平行線支票，指在票據正面劃有二道平行線的支票，又稱劃線支票或橫線支票。支票上劃有平行線時，付款人僅能對金融業者付款，其目的在防止支票遺失或被竊時遭他人冒領（票據法第 139 條第 1 項、第 2 項）。

1.平行線的記載

票據法並未規定平行線應由誰記載，所以發票人、背書人、執票人等

均可記載，只需在支票正面畫上平行線即可（習慣上多畫在支票正面左上角），且不需簽名。

2. 平行線支票的效力

平行線支票的效力，因其種類的不同而有不同：

⑴普通平行線支票

支票在正面劃有二道平行線，稱為普通平行線支票（票據法第 139 條第 1 項）。普通平行線支票的付款人，只能對金融業者支付票據金額。如果執票人不是金融業者，應將平行線支票存入其在金融業者的帳戶，委託金融業者代為取款（稱為委託取款背書，一般又稱為託收，票據法第 139 條第 3 項）。

⑵特別平行線支票

平行線內記載特定金融業者時，付款人僅得對該特定金融業者支付票據金額，但該特定金融業者為執票人時，可以以其他金融業者為被背書人，背書後委託其取款（票據法第 139 條第 2 項）。特別平行線支票的執票人如果不是票據上所記載的特定金融業者，則應將支票存入其在該特定金融業者的帳戶，委託其代為取款（票據法第 139 條第 4 項）。

付款人違反上述規定而付款時，應負損害賠償的責任，但賠償金額不得超過支票金額（票據法第 140 條）。

3. 平行線的變更及撤銷

平行線支票固然可以保護執票人的權益，避免支票因失竊而被冒領，但對於與金融業者無往來的執票人來說很不方便。所以票據法特別規定，平行線可以由發票人撤銷，也就是由發票人在平行線內記載「照付現款」或同義字樣，並由發票人在旁邊簽章。支票上有此記載時，視為平行線的撤銷，但支票經背書轉讓後，就不可以再撤銷（票據法第 139 條第 5 項）。

至於特別平行線支票，一般實務則認為不得撤銷，因為特別平行線支

票有雙重限制：付款人不僅只能向金融業者付款，且只能向「特定」金融業者付款。撤銷時則不易判斷發票人是撤銷整個平行線記載或只是撤銷「特定金融業者」的部分，將使得支票付款人陷於判斷困難，從而有違票據文義性（財政部50年8月1日台財錢發第04822號令）。

　　平行線可否變更，票據法並無明文規定，但通說認為普通平行線支票，可以變更為特別平行線支票，也就是在平行線內加填特定金融業者的名稱，變成特別平行線支票；但特別平行線支票，不可以塗去特定金融業者的名稱而變更為普通平行線支票。

　　本題中，美好飾所簽發的支票，除票面上劃有平行線外，平行線內還記載培虔顧問公司，但是特別平行線支票，只能在平行線內記載特定金融業者，培虔顧問公司並不是金融業者，所以該記載視為無記載，不發生票據法上的效力。因此美好飾所簽發的票據僅為普通平行線支票，此時誠涼涼應將該支票存入其往來金融業者的帳戶，委託金融業者代為取款。

三、支票有那些事項可準用匯票的規定？

　　支票依其性質，除關於匯票的承兌、參加承兌、保證、到期日、參加付款、複本、謄本的規定不能準用外，就下列部分原則上仍準用匯票的規定（票據法第144條）：

1. 發　票

　　支票發票人未記載受款人時，執票人可以記載自己或他人為受款人，將無記名支票變更為記名支票。

2. 背　書

　　匯票關於背書的規定，除預備付款人及擔保承兌的部分外，均可準用。

　　支票背面常有印好的「背書欄」，若當事人不依背書欄順序背書，而有背書日期可證明背書連續時，付款銀行仍應予付款；但若無背書日期，或

背書日期不全,就票據表面觀察,無法確定背書是否連續時,付款銀行為避免損失,通常會以背書不連續為由拒絕付款(票據法第 144 條準用第 71 條第 1 項規定,付款人對背書不連續的票據付款應自負其責)。所以持票人在轉讓票據時,應注意此點。

支票背書在票據背面簽章處,加寫「保證人或連帶保證人」字樣時,由於票據法對支票並無關於保證規定,此項記載,只會發生背書效力,但有民法的保證效力。

3.付　款

匯票關於付款的規定外,除付款的提示期限、擔當付款人的提示、執票人同意延期付款、到期日前的付款、票據金額的提存各項,因支票另有規定或依支票的性質無從準用外,支票仍可準用。

4.追索權

匯票關於追索權的規定,除承兌部分、拒絕證書的作成期限、依到期日為準的利息計算外,支票均準用。

依票據法第 144 條準用第 85 條第 1 項規定,支票不獲付款時,執票人必須行使或保全支票權利後,才能對票據債務人行使追索權。早期實務認為未屆發票日的支票,既未經提示,執票人不得提起將來給付之訴(司法院 73 年廳民一字第 725 號函)。然而近期實務見解認為不能一概拒絕執票人提起將來給付之訴,須視個別案件的具體情況而決定。例如發票人已成為付款銀行的拒絕往來戶,付款銀行當然不會再付款,此時支票持票人自有預先請求的必要,可以提起將來給付之訴 (高等法院 104 年度上字第 1279 號民事判決)。又如發票人開立 12 張支票用來分期給付貨款,但第 2 至 4 張支票均因存款不足而未獲兌現,且被告審理時明確表示未來也沒有要付款的意思,故其餘支票的票載發票日雖未屆至,但顯有到期不履行的可能性,而有預為請求的必要,允許執票人於票載發票日前提起將來給付

之訴（高雄地方法院 100 年度訴字第 853 號民事判決）。

　　除有票據法第 105 條規定的不可抗力事變外，支票執票人應在票據法第 130 條所定期限內遵期提示，否則對發票人以外的前手喪失追索權（票據法第 132 條）。實務認為支票被檢察官扣押，非屬票據法第 105 條所規定的不可抗力事變 （最高法院 70 年台上字第 3163 號判決 、 高雄地方法院 100 年簡上字第 238 號判決）。

　　支票無到期日，但票據法第 144 條卻準用票據法第 41 條的規定（期後背書效力），應該如何解釋？實務上就此有不同見解，一是以發票日為準（最高法院 72 年台上字第 1418 號判決 、 新北地方法院 106 年簡上字第 278 號判決），一是以提示日或提示期限屆滿日為準 （最高法院 73 年第 4 次民庭總會決議、最高法院 105 年台簡上字第 35 號判決）。

5. 拒絕證書

　　匯票關於拒絕證書的規定，除複本、抄本、謄本等事項無從準用外，支票均準用。

四、「辦理退票及拒絕往來相關事項約定書」範本

　　辦理支票存款之金融業者＿＿＿＿＿＿＿（以下簡稱甲方），與臺北市票據交換所等十六家票據交換所 （以下簡稱乙方），為利於處理支票存款戶（以下簡稱存戶）之退票及拒絕往來相關事項，迅速並正確提供存戶之票信資訊，維護提示票據之信用水準，促進票據交換及相關作業之順利運作，約定條款如下：

第一條（退票理由之填具及通知）

　　甲方辦理退票，應使用乙方印製編具號碼之退票理由單，並即時通知乙方。

第二條（退票手續費之收取）

甲方提入應付之票據，因存款不足之理由而退票，或提出交換之票據，因下列理由而退票者，乙方得向甲方收取手續費：

㈠金額文字不清。

㈡發票年月日不全或不明。

㈢支票未到票載發票日，本票及匯票未到到期日。

㈣支票發行滿一年。

㈤記名票據未經受款人背書或受款人背書不全、不符。

㈥背書不連續。

㈦記名票據禁止背書轉讓經轉讓。

㈧票據破損致法定要項不全。

㈨票據塗壞。

㈩字經擦改。

(十一)更改處未經發票人照原留印鑑簽章。

(十二)字跡模糊。

(十三)使用易擦拭或易褪色之筆填寫。

(十四)保付後字經塗改。

(十五)畫線支票未由金融業者提示。

(十六)特別畫線支票未由特定金融業者提示。

(十七)祇可代收之外埠付款票據。

(十八)非參加交換之金融業者或法定機關印發之票據。

(十九)未經發票人簽章。

第三條（擔當付款委託之終止）

存戶對其所簽發以金融業者為擔當付款人之本票，於提示期限經過前撤銷付款委託，經執票人提示退票後，未辦妥清償贖回、提存備付或重提付訖之註記，一年內達三張，並經乙方通報者，甲方應即

終止為其擔當付款人之契約，並自乙方通報日起算三年內，拒絕再受託為其擔當付款人。

第四條（空白本票之收回）

甲方對於乙方已依第三條通報之終止擔當付款委託戶，應通知其依限繳回剩餘之空白本票。

第五條（拒絕往來）

存戶因下列情事之一所發生之退票，未辦妥清償贖回、提存備付或重提付訖之註記，一年內合計達三張，或因使用票據涉及犯罪經判刑確定者，乙方應為通報，甲方並應依乙方之通報，予以拒絕往來；其拒絕往來之期間，自通報日起算為三年：

　　㈠存款不足。

　　㈡發票人簽章不符。

　　㈢擅自指定金融業者為本票之擔當付款人。

前項各款退票紀錄分別計算，不予併計。

第六條（公司重整之暫予恢復往來）

存戶如為公司組織，其於拒絕往來期間屆滿前，經法院裁定准予重整後，得向甲方申請核轉由乙方辦理重整註記；經重整註記後，得暫予恢復往來。

前項公司在暫予恢復往來之日起至原拒絕往來期間屆滿前再發生存款不足退票者，甲方自乙方再通報之日起算，應予以拒絕往來三年。

第七條（空白支票及本票之收回）

甲方對於乙方已依第五條通報之拒絕往來戶，應通知其依限繳回剩餘之空白支票及空白本票。

第八條（恢復往來）

存戶如經拒絕往來而有下列情事之一，經甲方同意後，得恢復往來

並重新開戶：

(一)拒絕往來期間屆滿。

(二)構成拒絕往來及其後發生之全部退票，均已辦妥清償贖回、提存備付或重提付訖之註記。

第九條（票信資料之提供查詢）

甲方與存戶之支票存款往來契約，除應載明本約定書所列有關存戶之事項外，並應約定存戶同意將其退票紀錄、被列為拒絕往來戶及其他有關票據信用之資料，提供予他人查詢。

第十條（通知存戶之義務）

甲方應於簽訂本約定書之日起一個月內，通知存戶於通知到達日起一個月內確認是否同意有關處理退票及拒絕往來事項之「支票存款約定書補充條款」，逾期未確認同意者，得由甲方終止該支票存款往來契約。

立約定書人

甲方：　　　　　　　　　　　　　　　　銀行

信用合作社

農會信用部

漁會信用部

乙方：　　　　　　　　　　　　臺北市票據交換所

臺中市票據交換所

臺南市票據交換所

高雄市票據交換所

桃園縣票據交換所

新竹市票據交換所

苗栗縣票據交換所

南投縣票據交換所

雲林縣票據交換所

嘉義市票據交換所

臺南縣票據交換所

屏東縣票據交換所

澎湖縣票據交換所

宜蘭縣票據交換所

花蓮縣票據交換所

臺東縣票據交換所

　　　　乙方代理人：

中　華　民　國　　　　年　　　月　　　日

◎選擇題

( ) 1.丁丁欲簽發支票一張,他可以以誰為付款人?

(1)信用合作社　　(2)股份有限公司

(3)學校實習銀行　(4)拉拉

( ) 2.丁丁欲簽發支票一張,那一個事項可以不必記載在票據上?

(1)表明其為支票的文字　(2)付款人

(3)受款人　　　　　　　(4)發票年月日

( ) 3.丁丁欲簽發支票一張,她可以指定拉拉當:

(1)保證人　(2)預備付款人　(3)承兌人　(4)受款人

( ) 4.丁丁簽發一張支票,在支票上記載那一事項會生票據上效力?

(1)利息　　　　　　　　　　(2)分期付款

(3)「未按時交貨則支票無效」　(4)禁止背書轉讓

( ) 5.拉拉收到一張支票,發票地在新竹縣,付款地在苗栗縣,拉拉應在幾日內提示付款?

(1)七日　(2)十五日　(3)二個月　(4)一年

( ) 6.拉拉收到一張支票,發票地在新北市,付款地在臺北市,拉拉應在幾日內提示付款?

(1)七日　(2)十五日　(3)二個月　(4)一年

( ) 7.拉拉收到一張保付支票,不小心未在法定期限內提示付款,拉拉可以向誰請求支付票面金額?

(1)發票人　(2)付款人　(3)背書人　(4)保證人

（　）8. 丁丁簽發一張以加州銀行為付款人的支票給拉拉，他在
票據上劃了二道平行線，並在平行線內記載大樹銀行，
加州銀行應該把錢付給：
(1)拉拉　(2)執票人　(3)大樹銀行　(4)任何銀行

（　）9. 拉拉收到一張丁丁所簽發的支票，經提示付款後遭拒絕，
拉拉怒氣沖沖的去找丁丁，丁丁不可以用那一個理由作
為抗辯？
(1)拉拉未遵期提示　　　　　　(2)拉拉未作成拒絕證書
(3)自發票日已超過一年才提示　(4)支票上未記載受款人

（　）10. 波波是大樹銀行的行員，有位客戶拿了一張以大樹銀行
為付款人的支票，向銀行請求付款，但波波發現已經超
過提示期限。下列哪一種情況，波波可以付款？
(1)支票上未記載受款人　(2)付款人已撤銷付款委託
(3)支票發行已滿一年

（　）11. 丁丁在大樹銀行開設支票存款帳戶，想簽一張支票給拉
拉作為貨款。拉拉因丁丁曾遭退票信用不佳，於是要求
丁丁找波波為共同發票人後，才同意接受該支票。結果
拉拉屆期提示還是遭到大樹銀行退票。請問：拉拉起訴
請求波波給付票款有無理由？
(1)無理由。因波波雖在支票上簽名，但不是大樹銀行的
支票存款戶，與大樹銀行並無委任付款的法律關係，
不負票據責任
(2)無理由。因波波雖在支票上簽名，但不是大樹銀行的
支票存款戶，其真意是作為支票發票人的保證人，既
然支票無保證規定，自不負票據責任，僅負民法保證

責任

(3)有理由。因波波雖不是大樹銀行的支票存款戶，但其在支票上發票人處簽名，就應該依照簽名負發票人票據責任

(4)有理由。因波波雖不是大樹銀行的支票存款戶，因波波是支票發票人丁丁的保證人，自應與波波負相同的票據責任

( ) 12.丁丁在 5 月 20 日簽發一張支票給波波，發票日即為 5 月 20 日，並在支票上載明「發票日後一個月付款」，發票地及付款地均在臺北市。試問對此支票，下列敘述何者正確？

(1)這就是俗稱的遠期支票

(2)這張支票的付款提示期限至 5 月 27 日

(3)這張支票的付款提示期限至 6 月 27 日

(4)這張支票無效

( ) 13.丁丁簽發一張支票給波波，發票地在苗栗縣，付款地在新竹縣，發票日為 3 月 10 日，波波至遲應於何日以前（含該日）提示付款？

(1)同年 3 月 16 日　(2)同年 3 月 17 日

(3)同年 3 月 24 日　(4)同年 3 月 25 日

( ) 14.支票受款人或執票人未於提示期限內為付款提示，或不於拒絕付款日或其後五日內請求作成拒絕證書者，試問下列敘述何者正確？

(1)對於發票人可以行使追索權

(2)對於發票人以外的其他票據債務人可以行使追索權

(3)對於含發票人的所有票據債務人都可以行使追索權

(4)對於含發票人的所有票據債務人都不可以行使追索權

附錄　習題解答

第一章

第二節

◎連連看

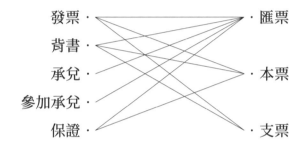

◎選擇題

㈠答　案

　　1.(1)　　2.(3)　　3.(2)　　4.(2)　　5.(4)　　6.(1)

㈡解　析

　　1.本題旨在測驗讀者對票據行為要式性的了解，欠缺相對必要記載事項時，因有票據法上的補充規定，票據並不因此無效；而任意記載事項，其記載與否由當事人自行決定，縱未記載，亦不影響票據的效力；惟欠缺絕對必要記載事項，將導致票據權利義務關係陷於混沌不明，故正確解答為第 1 選項。

　　2.本題旨在測驗讀者對票據行為獨立性的了解，由於票據行為的效力

各自獨立，所以無行為能力人在票據上簽名不影響其他簽名的效力；而票據的偽造亦不影響其他真正簽名的效力，故正確解答為第 3 選項。

3.本題亦在測驗讀者對代理票據行為之要件的了解，在代理自然人為票據行為的場合，若僅代理人簽名，未記載本人姓名及代理意旨時，由代理人自己負責；若僅記載本人姓名，未記載代理人姓名及代理意旨，於代理人確實有代理權之情形下，仍為 1 有效代理行為，故本題正確解答為第 2 選項。

4.本題在測驗讀者對於票據行為要件的了解。第 1 選項：甲為屬限制行為能力人，未得法定代理人事前同意或事後承認，依民法第 78 條，其發票行為無效，甲不負票據責任；第 2 選項：依照票據法第 8 條，乙的背書有效，故乙應負背書人責任；第 3 選項：丙的簽名是被丁所偽造，依票據法第 5 條的反面解釋，丙未簽名背書，故無庸負票據責任。第 4 選項：依照票據文義性，丁僅拾得，並未在票據上簽名，故不負票據責任。本題正確解答為第 2 選項。

5.本題在測驗讀者對於票據行為獨立性的了解。甲之發票行為是由乙所偽造，依票據法第 5 條的反面解釋，甲無簽名，故甲不負發票人責任；乙誘使 14 歲的丙背書，依照依民法第 78 條，丙的背書行為無效；而乙自己於後背書，依票據法第 8 條及第 15 條，乙的背書行為有效。本題正確解答為第 4 選項。

6.由於到期日非本票的絕對必要記載事項，故未填載並不影響票據的效力，依照票據法第 120 條第 2 項，該張本票為見票即付的本票。本題正確解答為第 1 選項。

◎解釋名詞

　　1.當事人間授受票據的緣由，稱為票據的原因關係，例如買賣、贈與。由於票據為無因證券，因此票據原因關係縱使不成立或歸於無效，亦不影響票據的效力，票據債務人不得以此作為抗辯。但在直接當事人間，或惡意執票人，或執票人係無對價或以不相當的對價取得票據者，則例外得以原因關係抗辯。

　　2.指匯票或支票的付款人與發票人間所存在的法律關係，基於此一法律關係，付款人願意為發票人付款。資金關係的存在與否，不影響票據效力，票據債務人不得以此作為抗辯，發票人不得以已供資金於付款人為由，拒絕執票人行使追索權，承兌人不得以未受資金為由，拒絕付款。

　　3.當事人在授受票據前，就票據的發行或讓與，所為的相互合致之意思表示，稱為票據預約。票據預約非票據行為，不能直接發生票據上的權利義務，票據預約的成立及履行，均應適用民法的一般規定。

第三節

◎選擇題

㈠答　案

　　1.⑷　　2.⑵　　3.⑴　　4.⑶　　5.⑶　　6.⑶　　7.⑶

㈡解　析

　　1.本題旨在測驗讀者對善意取得要件之認識，善意取得之要件包括：⑴從無權利人處取得票據；⑵依票據法規定的轉讓方式受讓票據；⑶非因惡意或重大過失取得票據；⑷支付相當對價；⑸匯票及本票須在到期日前

取得，故本題正確解答為第 4 選項。

　　2.本題旨在測驗讀者是否了解付款請求權的行使對象。匯票付款請求權的對象包括承兌人、擔當付款人、票據交換所、參加承兌人或預備付款人、承兌人及參加承兌人之保證人。故本題正確解答為第 2 選項。

　　3.本題亦是測驗讀者是否了解付款請求權的行使對象。本票付款請求權的對象包括發票人及其保證人、擔當付款人或票據交換所，故本題正確解答為第 1 選項。

　　4.本題旨在測驗讀者對追索權行使對象的認識，支票的追索權行使對象包括發票人、背書人。本題中李維斯為發票人，伊森為背書人，本題正確解答為第 3 選項。

　　5.本題中，丙塗銷乙之背書，乙依照票據法第 38 條免負背書人責任，故第 1 選項錯誤；丙只有交付票據，沒有背書簽名，故無票據法上責任，故第 2 選項錯誤；戊經丁同意變造為新臺幣 30 萬元，故依票據法第 16 條第 2 項，丁為同意變造者，故丁應負擔新臺幣 30 萬元責任，第 3 選項錯誤；而戊為參與變造者，依票據法第 16 條第 2 項，依變造後文義負責，戊應負擔新臺幣 30 萬元責任。本題正確解答為第 4 選項。

　　6.依照票據法第 13 條本文，甲不得以自己與乙間之抗辯事由對抗丁。本題正確解答為第 3 選項。

　　7.甲之發票行為，欠缺交付要件，若李四要向甲主張票據責任，須符合票據法第 14 條第 1 項的反面解釋：⑴取得票據時執票人係善意且無重大過失；⑵自無處分權人處取得票據；⑶依票據法上之轉讓方法取得票據；⑷執票人需支付相當之對價。依題所示，李四符合票據法第 14 條第 1 項之反面解釋，李四可主張善意取得，向甲主張發票人責任；乙之背書係張三偽造，故依照票據法第 5 條第 1 項反面解釋，乙無簽名，無庸負背書人責任；最後，張三依票據獨立性原則（票據法第 15 條），票據上簽名的偽造，

不影響真正簽名的效力，故張三應負擔背書人責任。正確解答為第 3 選項。

第四節

◎選擇題

㈠答　案

　　1.⑹　　2.⑶　　3.⑶　　4.⑴

㈡解　析

　　1.發票日屬於票據絕對必要記載事項，欠缺絕對必要記載事項之票據無效，任何票據債務人均得以此事由作為抗辯，故本題正確解答為第 6 選項。

　　2.票據債務人不得以自己與執票人前手間之抗辯事由對抗執票人，因原因關係所生抗辯事由僅能在原因關係當事人間主張，故本題正確解答為第 3 選項。

　　3.童禮心取得票據時，雖已知道李維思與戴款間的買賣契約遭撤銷，但戴款不是童禮心的直接前手，不構成票據法第 13 條惡意抗辯，李維思不得以此對抗之；童禮心取得票據未支付對價，必須繼受前手（喬安娜）的瑕疵，但在題目中，喬安娜之權利並無任何瑕疵，故李維思無法對其主張任何抗辯事由；童禮心假冒喬安娜的簽名，將票據移轉給自己，仍未使自己取得票據權利，此屬物的抗辯事由，李維思得以此對抗童禮心。本題正確解答為第 3 選項。

　　4.本題中，戊得否向甲請求支付票款，應視戊是否符合善意取得要件、以及有無抗辯事由而定。戊確實是善意自無權利人丁之手取得票據，然而，戊僅以新臺幣 25 萬元代價取得面額新臺幣 50 萬元的本票，未支付相當對

價，不符合善意取得的規定。另依票據法第 14 條第 2 項規定，縱使戊符合善意取得規定，其所享有的權利也不能優於前手丁，而本票是丁竊取的，丁未取得票據權利，故戊也未取得票據權利。本題正確解答為第 1 選項。

第五節

◎選擇題

㈠答　案

　　1.(1)　　2.(2)　　3.(3)　　4.(3)　　5.(4)

㈡解　析

　　1.票據雖為偽造或經變造，仍為有效之票據，故本題正確解答為第 1 選項。

　　2.多迪為變造票據之人，且在票據上簽名，故應就變造後之文義負票據責任，即其所負之票據責任為新臺幣 5 萬元，本題正確解答為第 2 選項。

　　3.由於喬安娜並未親自在票據上簽名，故不須負票據責任，本題正確解答為第 3 選項。

　　4.誠涼涼雖然冒用喬安娜的名義簽發票據，但誠涼涼並未在票據上簽自己的名字（僅簽喬安娜的名字），故不須負票據責任，本題正確解答為第 3 選項。

　　5.依票據法第 16 條第 2 項，丁為參與變造之人，乙為同意變造之人，乙丁均應負新臺幣 10 萬元之責；依票據法第 16 條第 1 項，甲丙簽名於變造前，依原有文義新臺幣 1 萬元負責，戊簽名於變造後，依變造文義新臺幣 10 萬元負責。本題正確解答為第 4 選項。

第六節

◎**選擇題**

㈠**答　案**

　　1.(1)　2.(1)　3.(2)　4.(2)

㈡**解　析**

　　1.本題旨在測驗讀者，喪失已簽名而記載尚未完備的票據，應如何救濟。依票據法施行細則第 5 條第 4 項規定，此種票據原票據權利人得為止付通知，而依目前實務認為，此種票據不得為公示催告及除權判決，故本題正確解答為第 1 選項，誠涼涼應就該票據為止付通知。

　　2.本題旨在測驗讀者，何種票據不得為公示催告。經發票人記載禁止背書轉讓的票據，受款人縱背書轉讓，也不發生票據法上背書轉讓的效果，此種票據沒有善意取得的問題，非公示催告及除權判決所欲保護的對象，故本題正確解答為第 1 選項。

　　3.本題旨在測驗讀者對止付通知程序的了解，正確解答為第 2 選項。

　　4.本題旨在測驗讀者對票據塗銷效力的認識，本題中誠涼涼並非故意塗銷受款人姓名，不影響票據上效力，故本題正確解答為第 2 選項。

第七節

◎**選擇題**

㈠**答　案**

　　1.(4)　2.(4)　3.(3)　4.(1)

(二)解　析

　　1.匯票執票人對發票人的權利，自到期日起算，三年不行使，即因時效而消滅，故本題正確解答為第4選項。

　　2.本票執票人對前手的追索權，自作成拒絕證書之日起算，一年不行使，即因時效而消滅，故本題正確解答為第4選項。

　　3.本票背書人，對於前手的追索權，自為清償之日起算，六個月不行使，即因時效而消滅，故本題正確解答為第3選項。

　　4.利益償還請求權之償還義務人為發票人或承兌人，美好飾所持有的票據是本票，由於本票沒有承兌人，所以償還義務人僅限發票人（李敏潤），故本題正確解答為第1選項。

第二章

第一節

◎選擇題

(一)答　案

　　1.(3)　　2.(1)　　3.(1)　　4.(1)　　5.(4) 6.(4)

(二)解　析

　　1.匯票的絕對必要記載事項有：表明其為匯票的文字、一定的金額、無條件支付的委託、發票年月日及發票人簽章，故本題正確解答為第3選項。

　　2.禁止背書轉讓、預備付款人、利息與利率均為匯票的任意記載事項，但只有記載受款人的匯票，發票人才有為禁止背書轉讓記載的實益，故本題正確解答為第1選項。

3.匯票漏未記載付款人時，以發票人為付款人，本題匯票的發票人是曉紅莓，故正確解答為第 1 選項。

4.票據金額同時以文字及阿拉伯數字表示時，如果文字與阿拉伯數字不符時，以文字為準，故本題正確解答為第 1 選項。

5.為使票據迅速流通，發票人委託付款人支付票據金額時，不得附加任何條件，否則該票據視為無效，本題曉紅莓簽發匯票時，以伊森上課不遲到為條件，違反票據法的規定，該匯票無效，故正確解答為第 4 選項。

6.依票據法第 2 條及第 24 條第 1 項第⑸款,匯票發票人委託付款人支付票據金額時，不得附加任何條件，否則該票據視為無效；依票據法第 29 條第 3 項，匯票上有免除擔保付款的記載，其記載無效；「一定之金額」為絕對必要記載事項（票據法第 24 條第 1 項第⑵款），若金額不確定將導致票無效。故正確解答為第 4 選項。

第二節

◎選擇題

㈠答　案

1.⑵　　2.⑶　　3.⑷　　4.⑴　　5.⑷　　6.⑵　　7.⑴　　8.⑴　　9.⑷

㈡解　析

1.本題旨在測驗讀者對背書意義的了解。「如果拉拉未按時請客，背書不生效力」，屬於附條件的背書，該條件視為無記載，背書仍為有效；「轉讓票面金額的一半給拉拉」屬於一部背書，這種背書無效；「禁止背書轉讓」，只是禁止被背書人將票據轉讓他人，該背書為有效的背書，故本題正確解答為第 2 選項。

2.丁丁所簽發的為記名匯票，記名匯票必須以背書及交付的方式，轉讓票據權利，以完全背書或空白背書方式轉讓皆可，不論完全背書或空白背書，背書人均須在票據背面簽章，故本題正確解答為第 3 選項。

3.無記名匯票，得以交付轉讓，或將票據變更為記名匯票，亦得以背書轉讓，故本題正確解答為第 4 選項。

4.拉拉是匯票的受款人，亦是第一背書人，拉拉將票據背書給波波，波波背書給艾艾，艾艾再將票據背書給拉拉時，即構成回頭背書，為避免循環求償，拉拉對該背書的後手波波、艾艾無追索權，僅對發票人丁丁有求償權，故本題正確解答為第 1 選項。

5.艾艾飾背書給丁丁，由於丁丁是發票人，故對其前手無追索權，本題正確解答為第 4 選項。

6.丁丁為發票人，發票人為禁止背書轉讓的記載時，該票據喪失流通性，拉拉及波波所為的背書不發生票據法上背書的效果，僅有民法上債權讓與效力，故本題正確解答為第 2 選項。

7.背書人所為禁止背書轉讓記載，並不會使背書喪失流通性，僅是禁止記載的背書人，對禁止後再以背書取得票據者，不負票據責任而已，故本題正確解答為第 1 選項。

8.記名票據除第一背書人為應受款人外，其餘背書人皆為前一背書的被背書人，依次銜接至最後的執票人，才算背書連續。即自受款人至執票人，形式上相連續而不中斷。執票人若要行使票據上權利，則應依票據法第 124 條準用第 37 條，以背書連續證明其票據上權利。

本題中，系爭本票記載受款人為拉拉，屬記名票據，而拉拉未為背書即交付予波波，波波卻於受讓後於被背書人處填寫自己為被背書人，由於第一背書人處空白，此處應由受款人背書方符背書連續。故本題因拉拉未背書以致背書不連續，正確解答為第 1 選項。

9.無記名票據因未載受款人，故背書是否連續應自第一背書人至最後執票人，形式上是否相連續而判斷。執票人若要行使票據上權利，則應依票據法第 37 條，以背書連續證明其票據上權利。本題中，己為第四次之被背書人，但己卻直接交付予庚，而沒有背書轉讓予戊，造成背書不連續。本題正確解答為第 4 選項。

被背書人	背書人
	甲
丙	乙
	丙
己	戊
庚	

◎試說明下列背書是否連續

1.

被背書人	背書人
伊　森	路　瑟
席　蒙	路　瑟

票據上除第一次背書的背書人是原受款人外，次一背書的背書人，必須為前一背書的被背書人，背書方為連續，本題中，第二次背書的背書人（路瑟）與第一次背書的被背書人（伊森）並不相同，故背書不連續。

2.

被背書人	背書人
伊　森	路瑟（被席蒙塗銷）
席　蒙	伊　森
海　莉	席　蒙（塗銷人）

　　遇背書塗銷，倘塗銷背書，影響背書連續時，就背書連續的判斷，視為未塗銷。本題中，若路瑟的背書未塗銷，自第一次背書至第三次背書，其背書人皆為前一次背書的被背書人，背書並無中斷。故視路瑟的背書未塗銷，背書仍連續。

被背書人	背書人
（空白）	~~路瑟~~（被席蒙塗銷）
（空白）	伊　森
（空白）	席蒙（塗銷人）
（空白）	海　莉

　　遇空白背書時，其次的背書人，視為前空白背書的被背書人。由於本例中皆為空白背書，縱伊森的背書遭塗銷，對背書的連續亦無影響。

◎問答題

　　1.設質背書，指執票人以票據上權利設定質權為目的，所為的背書。票據法就票據設質背書並無規定，於票據上背書時，如記載「設質文句」，依票據法第 12 條規定，應不生票據上效力，但仍生民法上設定權利質權的效力。設質背書僅能使被背書人取得質權，並非移轉票據權利，與一般轉讓背書不同。

　　2.委任取款背書，指執票人以行使票據上權利為目的，而授與被背書人代理權，委任其代為領取票據金額所為的背書。委任取款背書並非以移轉票據權利為目的，所以不發生票據權利移轉效力，僅發生代理權授與效力，票據權利仍屬被背書人所有。

　　被背書人得代理委任背書人行使票據上一切權利，並得以同一目的更為背書，再委託他人取款。再委任取款的被背書人所得行使的權利，與委

任取款的第一次被背書人相同。票據債務人，得以對抗委任人之事由，對抗受任人。但票據債務人不得以其與受任人間的抗辯事由，對抗受任人。

　　3.背書連續之效力有三：

　　⑴付款人的免責效力：付款人對於背書簽名的真偽、及執票人是否為真正票據權利人不負認定責任；從而付款人對於背書連續的執票人為付款時，即得據以免責。但有惡意或重大過失者，不在此限。

　　⑵對執票人的證明效力：執票人應以背書連續證明其權利。倘執票人能提出背書連續的票據，即可行使票據權利，無庸證明其原因關係有效與否，亦即背書連續具有權利行使的推定力。

　　⑶對第三人的善意取得效力：原則上，權利讓與行為非實質上有效，則受讓人不能取得權利，但依連續背書而取得票據之人，縱使背書人為無權利人，被背書人亦得依善意取得規定，取得票據權利。

第三節

◎選擇題

(一)答　案

　　1.(3)　　2.(3)　　3.(2)　　4.(2)　　5.(2)　　6.(4)　　7.(1)　　8.(1)　　9.(3)

(二)解　析

　　1.承兌的目的除確定付款人的票據責任外，還有確定到期日的功能，發票人二個月付款及見票即付匯票，縱不經承兌，亦可確定到期日，但見票後定期付款匯票，倘不經承兌則無法確定到期日，故本題正確解答為第3選項。

　　2.依票據法第45條規定，見票後定期付款的匯票，應自發票日起六個

月內為承兌的提示，故本題正確解答為第 3 選項。

　　3.提示承兌應向匯票付款人為之，故本題正確解答為第 2 選項。

　　4.付款人承兌後，成為匯票的主債務人，故本題正確解答為第 2 選項。

　　5.背書人在匯票上為承兌提示命令的記載，只對該背書人生效，執票人未遵期提示承兌，亦只對該背書人喪失追索權。本題「承兌提示命令」係由背書人波波所記載，奇奇未遵期提示承兌，僅對波波喪失追索權，故正確解答為第 2 選項。

　　6.參加承兌的當事人，限於預備付款人或票據債務人以外的第三人，本題中，丁丁、波波、艾艾皆是票據債務人，不得參加承兌，而蒂蒂非票據債務人，故本題正確解答為第 4 選項。

　　7.為避免票據債務人與第三人串通，藉參加承兌拖延執票人行使期前追索權，所以票據債務人以外的第三人參加承兌時，須經執票人同意，本題蒂蒂為票據債務人以外之第三人，其欲參加承兌，須經執票人奇奇的同意，奇奇也可拒絕，故正確解答為第 1 選項。

　　8.倘參加承兌人未註明係為誰參加承兌，則視為為發票人參加承兌，故本題正確解答為第 1 選項。

　　9.依票據法第 47 條第 1 項，付款人承兌時，經執票人同意，可以只就匯票金額的一部分為承兌。但執票人應將事由通知其前手。正確解答為第 3 選項。

◎問答題

　　1.所謂不單純承兌，指付款人對票據文義加以限制或變更，而為承兌，可分為：

　　⑴一部承兌：付款人僅承兌匯票金額的一部分，依票據法第 47 條第 1

項規定，執票人應將此事由通知前手。

⑵附條件承兌：付款人就匯票金額的承兌附有停止條件或解除條件。依票據法第 47 條第 2 項規定，承兌附條件視為承兌之拒絕。但承兌人仍依所附條件負其責任。

　　2.除見票即付的匯票外，發票人或背書人可以在匯票上為應請求承兌之記載，並可指定日期。惟背書人所定應請求承兌的期限，不可以在發票人所定禁止期限之內。

　　發票人所為的承兌提示命令，其效力及於背書人全體，若執票人違反承兌提示命令，對發票人及前手喪失追索權；而背書人所為的提示承兌命令，僅對該背書人生效，倘執票人違反承兌提示命令，對該背書人喪失追索權。

第四節

◎選擇題

(一)答　案

　　1.(2)　　2.(2)　　3.(1)　　4.(2)　　5.(1)　　6.(3)　　7.(2)

(二)解　析

　　1.票據債務人以外的第三人，方得為票據保證的保證人，否則無法達成增加票據信用的目的。丁丁既是該匯票的發票人，即為票據債務人之一，故無票據保證人資格，本題正確解答為第 2 選項。

　　2.票據保證是單獨行為，只須保證人在匯票上為記載即可，不須經被保證人同意，故本題正確解答為第 2 選項。

　　3.依票據法第 61 條第 2 項規定，被保證人之債務縱為無效，保證人仍

負擔其義務。本題中，雖是灰狼偽造發票行為，只要發票行為形式上無欠缺，艾艾之保證行為仍屬有效，正確解答為第 1 選項。

4.發票日為匯票絕對必要記載事項，在無空白授權票據情形下，漏填發票日，該票據即因形式上欠缺而無效，故艾艾的保證行為亦無效，本題正確解答為第 2 選項。

5.保證人清償債務後，得行使執票人對承兌人、被保證人及其前手之追索權。本題中拉拉拒絕承兌，非票據債務人；丁丁是發票人，再無其他前手，故艾艾代替丁丁清償後，僅可向被保證人丁丁行使追索權，本題正確解答為第 1 選項。

6.只要是票據債務人，皆可以成為票據的被保證人，並由保證人在票據上載明，故第 1 選項為誤。未載明被保證人者，視為為承兌人保證；其未經承兌者，視為為發票人保證（票據法第 60 條），故第 2 選項錯誤。保證人責任與被保證人在次序上並無先後之別，執票人得直接向保證人或被保證人，同時或先後主張票據上權利。縱使未先向被保證人請求或追索，保證人亦不得主張先訴抗辯權。依票據法第 63 條「保證得就匯票金額之一部分為之」可知票據法允許一部保證，故第 4 選項錯誤。本題正確解答為第 3 選項。

7.依票據法第 60 條，保證未載明被保證人者，視為為承兌人保證；其未經承兌者，視為為發票人保證。依題所示，本題匯票已經承兌，故原則上蒂蒂為承兌人拉拉之保證人。本題正確解答為第 2 選項。

第五節

◎選擇題

㈠答　案

1.(3)　2.(1)　3.(1)　4.(3)　5.(3)　6.(2)　7.(4)　8.(2)　9.(1)

㈡解　析

1.「發票日後一個半月付款」的匯票，在計算全月後加十五日，以其末日為到期日。本題發票日為 3 月 10 日，故應自 4 月 10 日起加十五日，以末日（4 月 25 日）為到期日，正確解答為第 3 選項。

2.匯票上僅記載月初者，依票據法第 68 條規定，謂該月的第一日，故本題正確解答為第 1 選項。

3.票據上記載的到期日，若曆法上並無相當的日期時，解釋上應類推適用票據法第 68 條第 1 項後段，以該月末日為到期日，故本題正確解答為第 1 選項。

4.見票即付匯票以提示付款日為到期日，本題正確解答為第 3 選項。

5.匯票上記載有擔當付款人時，付款提示應向擔當付款人提出，故本題正確解答為第 3 選項。

6.付款經執票人同意可以延期，但以提示後三日為限，故本題正確解答為第 2 選項。

7.付款人付款前，應就票據的形式加以審查，包括必要記載事項有無欠缺、背書是否連續、到期日是否屆至等，故本題正確解答為第 4 選項。

8.樂樂確實遵期提示（票據法第 69 條），但樂樂行使追索權前，應先向預備付款人奇奇為參加付款的提示。本題背書連續。本題正確解答為第 2 選項。

9.依票據法第 78 條第 2 項，執票人拒絕參加付款者，對於被參加人及其後手喪失追索權。本題中，奇奇拒絕蒂蒂參加付款，對於被參加人波波及其後手艾艾均喪失追索權，但對發票人丁丁仍得行使追索權。本題正確解答為第 1 選項。

第六節

◎選擇題

㈠答　案

1.(5)　　2.(4)　　3.(3)　　4.(2)　　5.(1)　　6.(4)　　7.(1)

㈡解　析

1.參加付款人須支付現款，對執票人並無不利，故票據法不限制參加付款人資格，縱使為票據債務人，亦得參加付款，本題正確解答為第 5 選項。

2.匯票上記載有預備付款人時，執票人應向預備付款人請求參加付款，否則對指定預備付款人之人及其後手，喪失追索權，本題預備付款人是由丁丁指定，而丁丁為該匯票的發票人，故奇奇對丁丁及全體背書人均喪失追索權，正確解答為第 4 選項。

3.執票人拒絕參加付款者，對於被參加人及其後手喪失追索權，蒂蒂係為艾艾參加付款，奇奇拒絕，則對艾艾喪失追索權，故本題正確解答為第 3 選項。

4.請為參加付款者，有數人時，其能免除最多數債務者有優先權，本題中若蒂蒂為艾艾參加付款，艾艾之後並無其他後手，僅執票人奇奇，故無票據債務人的債務因蒂蒂的參加付款而被免除；若樂樂為波波參加付款，

則可免除艾艾的票據債務，故樂樂有優先參加權，正確解答為第 2 選項。

5.參加付款人對於承兌人、被參加付款人及其前手取得執票人之權利，樂樂為波波參加付款後，取得對波波及丁丁的追索權（不包括拉拉，因拉拉非承兌人，僅為付款人），本題正確解答為第 1 選項。

6.依票據法第 80 條第 1 項，蒂蒂參加付款，可免除艾艾和奇奇的責任；若樂樂參加付款，奇奇之後無其他後手，僅執票人迪西，故無票據債務人的債務因樂樂的參加付款而被免除。本題中本應由蒂蒂優先參加付款，但樂樂故意搶先參加付款，依票據法第 80 條第 2 項，艾艾也免除其票據責任。本題正確解答為第 4 選項。

7.本題設有指定付款人，依票據法第 79 條第 1 項後段，當付款人不付款時，執票人應改向預備付款人為付款提示。又，本題到期日為 100 年 6 月 20 日，故蒂蒂應在 100 年 6 月 23 日前（不含 23 日）向樂樂為付款提示，但蒂蒂卻遲至 6 月 27 日才向樂樂為付款題示，依票據法第 79 條第 3 項，對指定預備付款人的奇奇喪失追索權。故本題正確解答為第 1 選項。

補充說明，本題蒂蒂除了遵期提示外，還要遵期作成拒絕證書（票據法第 87 條第 2 項）。如果蒂蒂沒有遵期作成拒絕證書，除了承兌人拉拉以外，蒂蒂對其他票據債務人都喪失追索權。

第七節

◎選擇題

㈠答　案

1.(1)　2.(4)　3.(3)　4.(4)　5.(1)　6.(3)　7.(1)　8.(4)　9.(3)　10.(4)

11.(2)　12.(4)　13.(2)

㈡解　析

　　1.於下列三種情形，執票人得行使期前追索權：A.匯票遭拒絕承兌；B.付款人或承兌人死亡、逃避或其他原因無法為承兌或付款提示；C.付款人或承兌人受破產宣告。本題中，因艾艾為背書人非付款人或承兌人，其遭破產宣告，不構成奇奇行使期前追索權事由；而丁丁為發票人非付款人或承兌人，縱其潛逃出國，奇奇亦不得行使期前追索。故正確解答為第1選項。

　　2.追索權的償還義務人包括：發票人（丁丁）、背書人（波波、艾艾）及承兌人（依前題，拉拉並未承兌），故正確解答為第4選項。

　　3.票據權利的保全程序為「遵期提示」與「作成拒絕證書」。至於未盡通知義務，僅負損害賠償責任，故本題正確解答為第3選項。

　　4.回頭匯票之付款人，限於被追索人，本題之被追索人包括丁丁、波波、艾艾，故正確解答為第4選項。

　　5.拒絕承兌證書，應在提示承兌期限內作成，本題正確解答為第1選項。

　　6.拒絕付款證書，必須在拒絕付款日或其後五日內作成，本題正確解答為第3選項。

　　7.複本發行權人以發票人為限，本題正確解答為第1選項。

　　8.票據行為人可以在複本上為承兌、付款、背書、保證，本題正確解答為第4選項。

　　9.自受款人以下的執票人，均可發行謄本，本題之執票人為：波波、艾艾、奇奇，故正確解答為第3選項。

　　10.在謄本上僅得為背書或保證，本題正確解答為第4選項。

　　11.發票日為匯票絕對應記載事項，未記載將導致匯票票形式無效；到期日則為匯票相對應記載事項，未記載時依法視為見票即付。因此，發票

日與到期日為效力不同的記載事項。本題第 1、3 選項有誤。

　　票據上的記載有疑義時，除違反票據法立法旨趣，可能被歸類為有害記載事項而導致票據無效者外，應盡量朝票據有效的方向，並參酌一般交易觀念或習慣為客觀合理解釋（票據有效解釋原則、客觀解釋原則）。系爭匯票所載到期日 102 年 2 月 30 日，為一般人所明知但時常疏於注意而犯的錯誤，宜解為當年月的末日即 28 日（或閏年為 29 日）。故依票據法第 69 條第 1 項，執票人應於到期日或其後二日內，為付款提示。本題中，艾艾在 3 月 2 日提示付款，為遵期提示。故正確解答為第 2 選項。

　　12.第 1 選項敘述正確（票據法第 95 條）。見票即付匯票，並無到期日記載，自無從適用票據法第 69 條，故第 2 選項敘述正確。依票據法第 106 條規定，拒絕證書，由執票人請求拒絕承兌地或拒絕付款地的法院公證處、商會或銀行公會作成，可知第 4 選項敘述錯誤。本題正確解答為第 4 選項。

　　13.票據法第 96 條第 2 項又稱為飛越追索權，奇奇可選擇先後或同時向波波、艾艾行使追索權。故第 1 選項正確、第 2 選項敘述錯誤。票據法第 96 條第 3 項，奇奇向波波行使追索權無效果，可以轉向艾艾行使追索權，第 3 選項敘述正確。艾艾向波波再追索權的金額為第 98 條，高於奇奇向艾艾行使追索權時的第 97 條，第 4 選項正確。本題正確解答為第 2 選項。

◎問答題

　　1.票據追索權償還義務人，於匯票包括發票人、背書人、承兌人、參加承兌人及保證人；於本票則包括發票人、背書人及保證人；於支票則僅有發票人及背書人。

　　2.行使追索權的程序有三：

　　⑴遵期提示：除票據法第 85 條及第 105 條所規定情形外，執票人應於

法定或約定期限內為承兌或付款提示。匯票上縱有免除作成拒絕證書記載，執票人仍應於所定期限內為承兌或付款提示。執票人未為提示者，喪失追索權。

(2)作成拒絕證書：匯票全部或一部不獲承兌或付款，或無從為承兌或付款提示時，執票人應請求作成拒絕證書，未作成拒絕證書者，喪失追索權。

(3)拒絕事由的通知：執票人應於拒絕證書作成後四日內，將拒絕事由通知匯票上債務人，背書人應於收到前項通知後四日內，通知其前手，未於法定期限內為通知者，仍得行使追索權，但因其怠於通知發生損害時，須負損害賠償責任。（票據法第 89 條、第 93 條）

◎解釋名詞

1.選擇追索權，又稱飛越追索權，指執票人不依負擔債務的先後，對於票據債務人的一人、數人或全體行使追索權。

2.變更追索權，又稱轉向追索權，指執票人對債務人的一人或數人已為追索，但未獲清償，接著對其他票據債務人行使追索權。

3.代位追索權，又稱再追索，指被追索者已為清償時，取得與執票人相同的權利，可以對其他票據債務人（但不含後手）再行追索。

4.付款人或承兌人在匯票上記載提示日期，及全部或一部承兌或付款的拒絕，經其簽名後，與作成拒絕證書，有同一效力，稱為略式拒絕證書。

第三章

◎選擇題

㈠答　案

　　1.(3)　　2.(1)　　3.(2)　　4.(1)　　5.(3)　　6.(1)　　7.(4)　　8.(2)

㈡解　析

　　1.本票沒有承兌制度，故無承兌人及預備付款人，又因本題丁丁為發票人，故正確解答為第 3 選項。

　　2.本票應向發票人為見票提示，故本題正確解答為第 1 選項。

　　3.依票據法第 122 條第 1 項準用票據法第 45 條規定,見票後定期付款匯票，應自發票日起 6 個月內為見票提示，故正確解答為第 2 選項。

　　4.依票據法第 123 條規定，執票人向本票發票人行使追索權時，得聲請法院裁定強制執行，故本題正確解答為第 1 選項。

　　5.依非訟事件法第 194 條規定，執票人應向本票所載付款地法院，聲請強制執行裁定，故本題正確解答為第 3 選項。

　　6.依票據法第 122 條第 2 項，未載見票日期者，應以所定提示見票期限末日為見票日。再依票據法第 122 條第 1 項準用第 45 條，自發票日起算六個月內為法定提示期間，並以末日為見票日，且依票據法第 124 條準用第 68 條第 1 項規定始日不計入，故 2 月 2 日發票、未載見票日期，應自 2 月 3 日起計算六個月，見票日是 102 年 8 月 2 日。見票後一個月付款本票，到期日為 9 月 2 日。本題正確解答為第 1 選項。

　　7.丁丁簽發甲存本票，雖指定大樹銀行為擔當付款人，丁丁仍是票據主債務人，而擔當付款人只是代理付款，不是票據債務人。故當拉拉向大

樹銀行請求付款遭拒後，依票據法第 124 條準用第 85 條規定，只能向發票人丁丁行使追索權，不能向大樹銀行行使追索權。本題第 1、2 選項皆錯誤。發票人丁丁既有委任權，在擔當付款人大樹銀行付款前，除發票人與擔當付款人另有約定外，得隨時撤銷其委任，故第 3 選項錯誤。本題正確解答為第 4 選項。

8.見票後定期付款本票，未載見票日期，依票據法第 122 條第 2 項及第 122 條第 1 項準用第 45 條，以發票日起六個月末日為見票日。系爭本票發票日民國 112 年 2 月 1 日，見票日應為民國 112 年 8 月 1 日，而該本票到期日為見票日後三個月半，依票據法第 122 條第 1 項準用第 68 條第 2 項，其到期日計算全月為民國 112 年 11 月 1 日，再加 15 日，為民國 112 年 11 月 16 日。

依票據法第 124 條準用第 69 條第 1 項，執票人應於到期日或其後二日內，為付款提示，故本題法定付款提示期間為民國 112 年 11 月 18 日。奇奇遲至民國 112 年 11 月 20 日才向丁丁為付款提示，已逾期提示，依票據法第 124 條準用第 104 條第 1 項，奇奇對前手喪失追索權，但本條所稱前手，不包括本票發票人，所以奇奇只對背書人喪失追索權，對本票發票人丁丁仍得行使追索權。本題正確解答為第 2 選項。

◎問答題

1.本票的當事人有二：發票人與受款人，發票人本人即是付款人；與匯票的當事人有發票人、受款人及付款人不同。

2.發票日為本票絕對必要記載事項，漏載發票日時，該本票無效；發票地則為本票相對必要記載事項，漏載發票地時，以發票人的營業所、住所或居所所在地為發票地。

3.應於接到強制執行裁定後二十日內,以波波為被告,向裁定法院提起確認本票債權不存在之訴,並向執行法院提出已起訴的證明,聲明異議,以資救濟。

第四章

◎選擇題

㈠答　案

1.(1)　　2.(3)　　3.(4)　　4.(4)　　5.(1)　　6.(2)　　7.(2)　　8.(3)　　9.(1)　　10.(1)

11.(3)　　12.(2)　　13.(2)　　14.(1)

㈡解　析

1.支票付款人限於經財政部核准辦理支票存款業務的銀行、信用合作社、農會及漁會,故本題解答為第 1 選項。

2.支票必要記載事項有:表明其為支票的文字、一定的金額、付款人、無條件支付的委託、發票地、發票日,故本題正確解答為第 3 選項。

3.支票沒有承兌制度也無保證制度,故本題的正確解答為第 4 選項。

4.支票為支付證券,無利息或分期付款的規定,且支票必須無條件委託金融業者付款,故本題正確解答為第 4 選項。

5.新竹縣與苗栗縣(臺灣省目前虛級化但並未正式在法制中廢除),依票據法第 130 條第⑴款規定,其提示期限為發票日後七日內,故本題正確解答為第 1 選項。

6.新北市與臺北市二個直轄市,依票據法第 130 條第⑵款規定,其提示期限為發票日後十五日內,故本題正確解答為第 2 選項。

7.支票經保付後，由付款人負絕對的發票責任，發票人及背書人免除其責，縱執票人未遵期提示，付款人仍負付款責任，故本題正確解答為第2選項。

8.支票上平行線內記載特定金融業者，付款人僅得對特定金融業者支付票據金額，故本題正確解答為第3選項。

9.支票發票人在提示期限經過後，對執票人仍負責任，但依票據法第22條第1項後段規定，票據上權利對支票發票人自發票日起算，一年間不行使，因時效而消滅，而票據法第144條並未排除執票人作成拒絕證書的義務，故本題正確解答為第1選項。

10.票據法第136條規定：「付款人於提示期限經過後，仍得付款。但有左列情事之一者，不在此限：一、發票人撤銷付款之委託時。二、發行滿一年時。」故本題正確解答為第1選項。

11.票據是文義證券，凡在票據上簽名者皆依票據文義負責。故二人以上共同發票時，依票據法第5條第2項須連帶負發票人責任。此外，支票付款人與發票人間關於資金給付的關係是民法上的資金關係，原則上票據關係與資金關係分離，票據關係不受資金關係影響。本題各選項說明如下：

拉拉是支票執票人，波波是共同發票人（波波已於支票發票人處簽名），依票據法第126條規定，應負發票人的擔保付款責任。至於波波雖不是大樹銀行支票存款戶，但這僅涉及資金關係，不影響票據關係，所以不影響波波的票據責任。所以第1選項錯誤、第3選項正確。

票據為文義證券，既然波波共同簽發支票，依票據客觀解釋原則，應認為波波負發票人責任。縱使波波本意是擔任保證人以增加票據信用，但票據行為應以客觀為判斷，不能以票據以外的其他事實或證據，加以變更或補充。故波波的簽名應屬發票行為而不是保證行為。所以第2選項、第4選項錯誤。本題正確選項為第3選項。

12.俗稱的遠期支票是以實際發票日後的特定日期作為發票日的支票，與本題的「計期」記載不同。至於在支票上記載「發票日後一個月付款」，因發票非信用證券，依票據法第 12 條視為無記載，該張支票仍有效。本題發票地及付款地均在臺北市，依照票據法第 130 條第⑴款，應於七日內為付款提示，且始日不計入。因此本題波波最遲應於 5 月 27 日以前（含 5 月 27 日）提示付款。本題正確解答為第 2 選項。

13.苗栗縣與新竹縣為同一省（臺灣省），故依照票據法第 130 條第⑴款：發票地與付款地在同一省（市）區內者，發票日後七日內應為付款提示，且始日不計入。本題發票日為 3 月 10 日，波波至遲應於 3 月 17 日以前提示付款。本題正確解答為第 2 選項。

14.依票據法第 132 條，執票人不於第 130 條所定期限內為付款提示，或不於拒絕付款日或其後五日內請求作成拒絕證書者，對於發票人以外的前手，喪失追索權。故本題正確解答為第 1 選項。

最新綜合六法全書

陶百川、王澤鑑、劉宗榮、葛克昌／編纂

　　三民書局綜合六法全書嚴選常用法規近七百種，依憲、民、民訴、刑、刑訴、行政及國際法七類編排，條號項下參酌立法原意，例示最新法規要旨，重要法規如民、刑法等並輯錄立法理由、修正理由、相關條文及實務判解。並於每類法規首頁設計簡易目錄、內文兩側加註條序邊款及法規分類標幟，提高查閱便利。另蒐錄最新司法院大法官解釋等資料，可以說是資料最豐富、更新最即時、查閱最便利的綜合六法全書，適合法學研究、實務工作、考試準備之用，為不可或缺之工具書。

新基本小六法

三民書局編輯委員會／著

　　本書蒐錄常用之基礎法規逾一百種，在分類上依法規之主要關聯區分為十大類，除傳統熟悉之憲法、民法、商事法、民事訴訟法、刑法、刑事訴訟法、行政法規外，亦蒐錄智慧財產權法規及國際法規等新興法學之領域，並於書末臚列司法院大法官會議解釋及憲法法庭裁判彙編。

　　全書除法規條文外，更擇要加註重要條文之修法理由及舊條文，除供有志研習法律者於比較分析之查詢對照外，冀望對於掌管基礎法令之實務工作者亦有助益。

圖解學習六法：民法

劉宗榮／主編、審訂

　　本書蒐集民法相關法規與勞工社會相關法規，包括民法、司法院釋字第七四八號解釋施行法、涉外民事法律適用法、勞動基準法、勞動事件法等，重要法規如民法等並佐以豐富的法律名詞解釋、實務見解與概念圖解，期能輔助讀者於法學領域的探索與學習，更有助於國家考試的準備。

四大特色：
- 豐富的圖解表格
- 易懂的名詞解釋
- 學者把關，品質保證
- 收錄大量判解，內容充實

圖解學習六法：刑事法

劉宗榮／主編　謝國欣／審訂

　　本書蒐集刑法與刑事訴訟法相關法規，包括刑法、刑事訴訟法、刑事妥速審判法、少年事件處理法，並收錄法官法、律師法等法律倫理法規，重要法規如刑法、刑事訴訟法等並佐以豐富的法律名詞解釋、實務見解與概念圖解，期能輔助讀者於法學領域的探索與學習，更有助於國家考試的準備。

四大特色：
- 豐富的圖解表格
- 易懂的名詞解釋
- 學者把關，品質保證
- 收錄大量判解，內容充實

民事訴訟法（上）

陳榮宗、林慶苗／著

　　本書不同於坊間其他同類型書籍，其特色為學說理論討論頗多，是以往出版之民事訴訟法書籍所無，並對實務上重要之最高法院判例引用詳加介紹；論述方式則採半論文體裁，可供研究理論與實務辦案之用。全書內容分為五編：緒論除討論若干基本問題外，國際民事訴訟一章特別值得注意；訴訟主體之討論問題範圍較一般民事訴訟法書籍多而廣，而在訴訟客體部分則對於訴訟標的理論及權利保護利益有深入討論；訴訟審理一編所占內容最多，尤其訴訟行為、言詞辯論、證據、判決效力、上訴程序各章節在學理上及判例實務方面內容均十分豐富；特別程序則分為簡易訴訟程序、小額訴訟程序、調解程序、督促程序、保全程序、公示催告程序、人事訴訟程序、智慧財產事件審理程序加以說明。

民事訴訟法

魏大喨／著

　　本書依體例共分九編，依序介紹民事訴訟法之基本架構。除了詳加討論學說理論外，作者並以自身多年民事審判實務經驗，補充相關重要判例、解釋等，使理論與實務見解並行，期使讀者在理解民事訴訟法理論之餘，亦能掌握實務之動向。隨 2019 年憲法訴訟法修正公布，民事訴訟法亦於 2021 年 12 月配合修正審判權劃分與衝突處理的相關規定，本書修訂三版配合新法修正內容，特予介紹說明。

證券交易法導論　　　　　　　　　　　廖大穎／著

　　本書係配合最新修正證券交易法條文的修訂版，前後共分三篇，即證券市場的緒論、本論及財經犯罪三大部門所構成。簡單說明，前者的緒論與本論部分，依序就有價證券有關發行市場、流通（交易）市場的規制、證券法制與企業秩序、證券交易機關之構造及相關證券投資人保護法等主軸，依照現行法典所規範的內容撰寫而成；至於後者財經犯罪部分，乃證券交易法制實務上最具爭議的問題之一，本書特別邀請陽明交通大學林志潔教授執筆，針對現行證券交易法上的各種犯罪類型，乃至於刑事政策與犯罪所得的議題，作刑法系統性的專業解析，期待這是一本淺顯而易懂、引領入門的參考書籍。

商事法　　　潘維大、范建得、羅美隆／著　黃心怡／修訂

　　本書共分緒論、公司法、商業登記、票據法、保險法、海商法、公平交易法等七大部分。修訂十三版主要是針對公司法於民國一百零七年八月之大幅修訂進行增補，並就商業登記、票據法、保險法之部分內容進行微幅修正。

　　本書延續向來的風格，在章節編排上務求綱舉目張、提綱挈領，冀希使讀者迅速瞭解我國商事法律之理論與實務。本書並附有公司申請登記之表格供讀者參考，使讀者更貼近實務操作，達到法律生活化之目標。

保險法論

鄭玉波／著　劉宗榮／修訂

　　本書在維持原著《保險法論》的精神下，修正保險法總則、保險契約法的相關規定，並通盤改寫保險業法。本書的特色如下：

1. 囊括保險契約法與保險業法，內容最完備。
2. 依據最新公布的保險法條文修正補充，資料最新穎。
3. 依據大陸法系的體例撰寫，銜接民法，體系最嚴明。
4. 章節分明，文字淺顯易懂，自修考試兩相宜。

公司法要義

許忠信／著

　　近年來，公司常到海外設分公司或子公司，形成跨國企業而有國際企業化的傾向。國際企業的設立常涉及外人投資、工作機會、勞工保障、租稅收入等事項，因此，對於公司法制的研究便非常重要，尤其公司法之比較法觀察更是如此。

　　本書闡述體系為在第一篇介紹導論後，於第二篇介紹適用於四種公司類型之總則，之後再依序介紹所有公司類型的特別規定。而本書對公司法重要議題的探討，會儘可能先介紹德國法等歐陸法系，與影響我國近年修法的英美法系，再參考二次大戰後，已受英美法影響之折衷法制日本法如何處理該問題，最後進入對我國法的探討。

海商法

劉宗榮／著

本書特色：

一、從國際貿易與海上貨物運送的關係開始，到海上保險為止，依照事理的發展，由淺入深，進入海商法。

二、海上貨物運送的基礎，以海員、資金、船舶為中心，深入介紹相關制度。

三、海上貨物運送區分件貨運送與航程傭船，分別從定型化契約與個別商議契約的理論，依托運、運送、交貨、損害賠償的過程，說明當事人的權利義務。關於運送人責任，從主張全部免責、到主張單位責任限制、進一步到船舶所有人責任總限制，最後再透過海上保險，以化解風險，論述過程，井然有序。

四、各章備有習題，自修考試兩相宜。

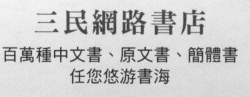

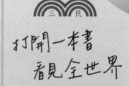

國家圖書館出版品預行編目資料

票據法／潘維大著.－－修訂三版一刷.－－臺北市：
三民，2023
　　面；　公分

　　ISBN 978-957-14-7676-6　（平裝）
　　1. 票據法

587.4   112012150

票據法

| 作　　　者 | 潘維大 |
| 修　　　訂 | 黃心怡 |

發 行 人	劉振強
出 版 者	三民書局股份有限公司
地　　　址	臺北市復興北路 386 號 (復北門市)
	臺北市重慶南路一段 61 號 (重南門市)
電　　　話	(02)25006600
網　　　址	三民網路書店 https://www.sanmin.com.tw

出版日期	初版一刷 2000 年 10 月
	修訂二版七刷 2017 年 4 月
	修訂三版一刷 2023 年 9 月
書籍編號	S584930
ＩＳＢＮ	978-957-14-7676-6

三民書局